Bernhard Häring

Ausweglos?

Bernhard Häring

Ausweglos?

Zur Pastoral bei Scheidung und Wiederverheiratung

Ein Plädoyer

Herder
Freiburg · Basel · Wien

Herstellung: Freiburger Graphische Betriebe 1989
ISBN 3-451-21605-1

Inhalt

III. Die erhoffte neue Sichtweise: Spiritualität und Praxis der Oikonomia

IV. Wie kann es in unserer Kirche zu einer Oikonomia-Praxis kommen?

V. Erste Schritte zu einer gesetzlichen Neuregelung

VI. Was kann heute — noch vor einer gesetzlichen Neuregelung — schon getan werden?

Vorwort

Angesichts der zunehmenden Zahl von Ehescheidungen und des unsagbaren Leides der Betroffenen ist die Kirche aufgerufen, ihre Weisheit und ihr wahres Antlitz zu zeigen. Wird sie immer besser verstehen, daß der Meister sie ruft, der von sich sagt: „Ich bin nicht gekommen zu richten, sondern zu heilen"? Wird sie sich vom Hängen am Buchstaben befreien können zur vollen Treue gegenüber ihrem göttlichen Stifter, dessen Grundgesetz lautet: „Seid barmherzig, wie es auch euer Vater ist!" (Lk 6,36)? Wird sie aus dem Schatz der Offenbarung und ihrer verschiedenen Traditionen Wege finden, die die Ehe als Berufung zu freier Treue im Blick auch auf das Hier und Heute besser begreifen und ergreifen läßt, und zwar so, daß Lehre und Verhalten beharrliche Treue gegenüber dem Meister beweisen, der uns mit Wort und Beispiel lehrt, daß das Sabbatgesetz und jegliches Gesetz für den Menschen da ist, nicht aber der Mensch für das Gesetz? Es geht um die Berufung der ganzen Kirche und aller Christen zu vorbildlicher Treue und zum Frieden. Es geht dabei erstlich und letztlich darum, ob die Kirche in ihrem ganzen Dasein, in ihrem Umgang mit dem Gesetz Christi und ihrer Hinwendung zu Verwundeten oder Gescheiterten in immer stärkerem Maße erfahrbares Sakrament der versöhnenden Barmherzigkeit Christi ist.

Wir alle sind dabei herausgefordert. Die gegenwärtige Situation fordert mich als Emeritus, nach fünfzigjähriger Tätigkeit als Moraltheologe und Seelsorger, mein vielleicht letztes ermutigendes Wort zu sagen, aus Mitgefühl mit den Geschiedenen, aber auch mit den Bischöfen und allen seelsorgerlich Tätigen. Vielleicht gehört dieses Wort der Ermutigung und des Mitgefühls zu meiner nächsten Vorbereitung auf das Sterben, im zuversichtlichen Blick auf die Verheißung des Herrn: „Selig die Barmherzigen; denn sie werden Erbarmen finden“ (Mt 5,7).

Ich weiß um das leidenschaftliche und von Leid geprägte Suchen vieler Bischöfe, Priester und pastoral tätiger Laien. Was will uns der Erlöser sagen angesichts dieser neuen Klasse von ausgegrenzten „Aussätzigen“, denen er auch durch uns zusprechen will: „Fasset Mut!“?

Ich habe mich ermutigt gefühlt, als die Bischöfe auf der Bischofssynode 1980 über die Familie einen Satz, der ganz meiner Intention entspricht, beschlossen und der Papst ihn in sein Apostolisches Schreiben „Familiaris consortio“ aufnahm: „Die Hirten mögen beherzigen, daß sie um der Liebe zur Wahrheit willen verpflichtet sind, die verschiedenen Situationen gut zu unterscheiden. Es ist ein Unterschied, ob jemand trotz aufrichtigen Bemühens, die frühere Ehe zu retten, völlig zu Unrecht verlassen wurde oder ob jemand eine kirchlich gültige Ehe durch eigene schwere Schuld zerstört hat. Wieder andere sind eine neue Verbindung eingegangen im Hinblick auf die Erziehung der Kinder und haben manchmal die subjektive Gewissensüberzeugung, daß die frühere, unheilbar zerstörte Ehe niemals gültig war“ (Nr. 84). Der Papst nimmt in seinem Apostolischen Schreiben das Anliegen der Synodalen voll auf: „Zusammen mit der Synode möchte ich die Hirten und die ganze Gemeinschaft der Gläubigen herzlich ermahnen, den (wiederverheirateten) Geschiedenen in fürsorgender Liebe beizustehen, damit sie sich nicht als von der Kirche getrennt betrachten." Ebenso wird anerkannt, daß „die beiden Partner aus ernsthaften Gründen – zum Beispiel wegen der Erziehung der Kinder – der Verpflichtung zur Trennung nicht nachkommen können" (Nr. 84).

Noch ermutigender war, daß der Vorschlag eines mir sehr befreundeten Synodalen, man möge ernst prüfen, ob die römisch-katholische Kirche nicht einiges von der *Oikonomia* der Ostkirchen lernen und aufnehmen könnte, mit über 90% der Stimmen bekräftigt wurde. Wir sind auf dem Weg zu einer sorgfältigeren Pflege der Gabe der Unterscheidung und zu einer heilenden Annäherung an dieses schwierige Problem.

Wir sind erst auf dem Weg, aber wir wollen es dankbar zur Kenntnis nehmen, daß nicht nur Theologen, sondern auch die Hirten der Kirche in ihrer überwältigenden Mehrheit auf dem Weg sind, als Pilgerkirche, zu stets größerer Treue gegenüber dem allbarmherzigen Gott, zu unserem Erlöser Jesus Christus.

I
Auswege

In sechs Bildern, die sich meinem Gedächtnis eingeprägt haben, möchte ich einige dieser unserer geschiedenen Schwestern und Brüder vorstellen. Es sind Menschen wie wir, sie haben mehr gelitten als wir und übertreffen uns wohl an Glaubenskraft, Durchhaltevermögen, Leidenskraft und Liebe zu einer Kirche, die sie oft nicht zu verstehen scheint.

1. „Ich weiß, daß ich ein großer Sünder bin"

Während ich in den USA Gastprofessor war, half ich in einer Pfarrei mit: Sprechstunden mit Menschen, die schwere Probleme bedrückte. Ein Mann irischer Abstammung erzählt mir seine Geschichte, die wert wäre, in einem Film festgehalten zu werden. „Pater, ich weiß, daß ich ein großer Sünder bin. Aber ich glaube, du wirst mich verstehen." Vor siebzehn Jahren hatte er ein hübsches Mädchen geheiratet. Er wußte, daß sie vorher mit einem anderen Mann ein Liebesverhältnis gehabt hatte; doch sie versprach ihm hoch und heilig, daß das vorüber sei. Übers Jahr schenkte sie ihm ein liebes Kind, „Fleisch von seinem Fleisch". Das Jahr darauf kam ein Bub zur Welt, die Frucht des Ehebruchs mit dem früheren Liebhaber. Das dritte Kind stammte vielleicht von ihm, doch sicher war er nicht. Dann folgten noch zwei, die sicher von dem anderen Mann stammten. Schließlich zog seine Frau zu jenem Liebhaber und ließ ihm die fünf Kinder, das kleinste sechs Wochen alt. „Ich versprach Jesus, daß ich allen fünf ein guter Vater sein wolle; denn schließlich liebt Er sie alle.“ Der Mann, ein einfacher Arbeiter, brauchte eine Mutter für „seine“ fünf Kinder. Dabei machte er eine typisch irische Erwägung. „Ein kirchlicher Eheprozeß kommt nicht in Frage; denn das würde zum Schaden nicht nur der Mutter der fünf Kinder, sondern auch zur Unehre der Kinder ausschlagen. Ihnen das anzutun, wäre doch eine große Sünde. Gott wird mir die Sünde einer Zweitehe-Zivilehe vergeben. Aber ich will nicht, daß ich jemand zur Sünde verleite.“ Darum heiratete er eine ungetaufte ledige Frau. Sie war, so erzählte er mir mit Tränen in den Augen, für die fünf Kinder die denkbar beste Mutter und schenkte ihm zwei eheliche Kinder. „Doch jetzt“, so schloß er seine Geschichte, „verkrafte ich es nicht mehr, mich von den Sakramenten ausgeschlossen zu sehen. Keiner der Priester, die ich aufsuchte, wollte mich absolvieren.“ Je länger ich mit ihm sprach, um so mehr schaute ich zu ihm auf, voll Hochachtung. Das sagte ich ihm zwar nicht. Doch „er ging getröstet nach Hause“, nahm wieder vollen Anteil am sakramentalen Leben der Kirche. Übers Jahr kam er zu mir mit seiner Frau, die sich zum Taufkatechumenat anmeldete. Grund: die Freude, die ihr Mann nunmehr aus seinem Glauben schöpfte. Sie wollte aber, daß ihr Mann auch am Taufunterricht teilnehme, da sie glaubte, in einigen Dingen seien seine religiösen Überzeugungen zu eng. Fast in allen Dingen konnte ich den Überzeugungen der Frau recht geben, und ihr Mann war darüber glücklich. Er befreite sich gern zu einem noch reiferen Glauben. Der Pfarrer der Pfarrei freute sich mit über die ergreifende Tauf- und Firmfeier. Der Tag, den ich vorgeschlagen hatte, war genau der Jahrestag der „Zivilehe". Niemand dachte an eine Trauung, die doch aufgrund der Epikie (vgl. S. 75 ff) durchaus denkbar gewesen wäre. Alle waren überzeugt, daß Gott diese Ehe schon überreich gesegnet hatte. Nicht einmal das Kirchenrecht brauchte „übertreten" zu werden.

2. „Ich wußte, daß diese Stunde einmal kommen werde"

Nach einem Vortrag für ehrenamtliche Religionslehrer in den USA bat mich ein zwanzigjähriger Religionslehrer um eine Verabredung für ein ausgiebiges Gespräch mit seinem Vater, der, wie mir der Sohn sagte, einem seelischen Zusammenbruch nahe war. Seine brave Frau war nach der Geburt des siebten Sohnes gestorben. Niemand wollte Haushälterin bei sieben kleinen Buben werden. Eine anglikanische, von ihrem Mann verlassene Frau erbarmte sich. Sie war den sieben Buben, wie mir nach dem Sohn auch der Mann sagte, die denkbar beste Mutter. Am Sonntag nach der Zivilehe zeigte der Pfarrer in der Predigt auf den angesehenen Mann: „Schaut euch einen an, der zur Hölle fahren will!" Die anglikanische Frau hatte eine Nichtigkeitserklärung ihrer Ehe nicht erreicht, da ihr geschiedener Mann sich weigerte, auszusagen. In der Familie wurde viel gebetet. Die anglikanische Frau ging jeden Sonntag mit ihrem Mann und den Kindern zur Messe. Doch von dem Empfang der Sakramente fühlte sich der Mann ausgeschlossen. Ich gab ihm ohne Bedenken die Lossprechung: einem „Heiligen“, der sogar mit jenem Pfarrer, der ihn aus seiner Kirche gewiesen hatte, Mitleid empfand. Epikie war hier offensichtlich am Platz. Mit Tränen in den Augen sagte mir der Mann: „Ich wußte doch irgendwie, daß diese Stunde einmal kommen werde!“ Die Familie lebte damals in einer Stadt, in der niemand über die „Ungültigkeit“ der Ehe wußte. Es fand keine Nachtrauung statt. Waren sich diese Menschen nicht schon durch die Gnade Gottes Zeichen heilender, beglückender Liebe?

3. „Ich bin ein Sünder. Ich ertrage das Lob nicht mehr“

Jahrelang stand ein katholischer Mann mit mir brieflich in Verbindung. Er kam auch weit her gereist, um seinen „Fall“ mit mir zu besprechen. Als er nach seinem Doktorexamen von London heimkam, war seine Frau bei einem anderen Mann. All sein Mühen und das seiner Freunde konnten die Frau nicht zur Rückkehr zu ihrem Ehemann bewegen. Eine Nichtigkeitserklärung erwies sich als unmöglich. Fünfzehn Jahre blieb der tiefgläubige Mann ehelos. Er wurde sogar von Bischöfen öffentlich als Vorbild hingestellt, weil er treu nach der Lehre und dem Gesetz der Kirche ehelos lebte. Mit Tränen sagte er mir: „Und doch bin ich ein großer Sünder. Kaum verging einmal ein Jahr, in dem ich nicht mit einer Frau sündigte und an ihrer Sünde mitschuldig wurde.“ Schließlich schrieb er mir, er habe sich jetzt entschlossen, eine Zweitehe einzugehen, obwohl sie kirchlich nicht möglich sei. Er tue das nicht allein deswegen, weil er sich furchtbar einsam fühle, sondern vor allem, weil er es seelisch einfach nicht mehr verkrafte, sich als Vorbild hingestellt zu sehen, da er doch in Wirklichkeit alles andere als ein Vorbild sei. Ich war tief traurig, als ich den Brief gelesen hatte. Und es fiel mir sehr schwer, darauf zu antworten. Doch entzog ich mich dieser seelsorglichen Pflicht nicht. Ich überlasse es dem Leser, sich auszudenken, was ich dem Manne wohl schrieb, wenn er dieses mein Buch ganz gelesen hat.

4. Der impotente dreifache Doktor und ein inkompetenter Eherichter

Eine feinfühlende, gebildete italienische Frau erzählte mir ihre Geschichte. Sie wartete damals schon drei Jahre auf eine Stellungnahme zu ihrer Nichtigkeitsklage vor einem kirchlichen Ehegericht. Ihr Mann war dreifacher Doktor, ganz und gar ein Sklave seiner „Laufbahn". Dies erklärt vielleicht auch seine sexuelle Impotenz. Er war unfähig, die Ehe zu vollziehen, und zugleich unfähig, sich seiner Frau liebevoll zuzuwenden. Sie harrte fünf Jahre aus in der Hoffnung, ihn „heilen" zu können. Umsonst. Sie ließ sich zivil scheiden, ohne Schwierigkeit. Das kirchliche Ehegericht aber verlangte im Verlauf der drei Jahre dreimal eine Untersuchung, ob das Jungfernhäutchen unverletzt war. Jedesmal mit dem eindeutigen Befund, daß es tatsächlich unverletzt war. Als nach drei Jahren die dritte Untersuchung verlangt wurde, wollte ihr Vater mit Protest aus der Kirche austreten. Sie konnte ihn durch liebevolles Zureden schließlich davon abhalten. Ihr Argument war: „Diese armseligen Gesetzeskrämer sind ja doch nicht die Kirche. Sie sind das traurige Resultat einer falschen Erziehung und verdienen unser Mitleid." Die Frau heiratete erst, als schließlich die Nichtigkeitserklärung kam – nach vierjähriger Wartezeit! Ich konnte nur staunen über ihre Gelassenheit und Geduld. Ich wundere mich nicht, wenn viele andere solche Geduld und solch gütiges Verzeihen einfach nicht fertigbringen.

5. *„Ich habe die heilende Kirche erfahren"*

Katholische Ordensfrauen ersuchten mich in New York um eine Unterredung mit einer jungen Frau, Negerin aus dem Getto Harlem. Die Schwestern hatten die total drogenabhängige junge Mutter eines liebenswerten Mädchens in ihr Haus aufgenommen und an Leib und Seele geheilt. Die junge Frau wollte nun heiraten. Sie hatte sich als Sechzehnjährige von ihrer Mutter zur katholischen Trauung drängen lassen, da sie schwanger war. Der Erzeuger war ein unreifer achtzehnjähriger Junge. Schon in der ersten Woche ging er mit dem Küchenmesser auf seine Frau los und verletzte sie. Nach sechswöchigem Zusammenleben entkam sie mit schweren Stichwunden und einem ernsten Schock. Auch nach ihrer Heilung wagte sie nicht mehr, in jenen Stadtteil zu gehen. Nun hatte sie einen Freund, den die Ordensschwestern, die sich so liebevoll um sie angenommen hatten, als einen guten, reifen Mann beurteilten. Das Ehegericht der Diözese beantwortete die Nichtigkeitsklage bezüglich der ersten Ehe als „unbeweisbar", da der ehemalige Gatte nicht auffindbar war. Als alleinstehende Mutter in der Großstadt zu leben erschien nicht nur ihr, sondern auch den Ordensschwestern einfach als unzumutbar. Die Frau wollte aber auch nichts tun, was sie als Auflehnung gegen die Kirche verstand. Sie sagte: „Ich liebe jetzt meine Kirche; denn bei den Schwestern habe ich die Liebe der Kirche erfahren." Die guten Schwestern fanden eine Lösung. Sie gingen zu einem Pfarrer, der gemäß Epikie handelte, zumal ihm einer der kirchlichen Eherichter verriet, daß die Nichtigkeitserklärung am Widerstand eines übergesetzlich eingestellten Geistlichen gescheitert war. Wie viele Frauen, die in ähnlicher Lage waren, hatten nicht das Glück, so mütterlich besorgte und beherzte Schwestern zu treffen!

6. „Jetzt habe ich mich mit dem nahenden Tod versöhnt"

Ein mir befreundeter Kehlkopfloser, Spätaussiedler aus Polen, wurde vom Krebsleiden befallen gerade, als er sich in der neuen Heimat emporgearbeitet hatte. Die Gleichheit unserer Krankheit führte zu einer Freundschaft, die für die ganze Familie viel bedeutete. Bei einem Besuch erzählten mir er und seine Frau das Ehedrama der Schwester der Ehefrau, die nun auch mit ihrem Mann in Deutschland war. Kurz die Geschichte: Die fromme katholische Frau fand bald nach der katholischen Trauung, daß ihr Mann um der Laufbahn willen in die kommunistische Partei eingetreten war und von ihr auch verlangte, nicht mehr in die Kirche zu gehen. Zudem wollte er keine Kinder von ihr. Es kam zur bürgerlichen

Scheidung. Sie war überzeugt, daß ihre Ehe auch kirchlich als nichtig erklärt werde. Doch vergebens. Der geschiedene Mann hatte die Aussage verweigert. Es blieben den kirchlichen Eherichtern Zweifel. So die Feststellung: Da der Fall nicht hundertprozentig geklärt sei, könne die Ehe nicht als nichtig erklärt werden. Sie heiratete zivil einen Witwer, der für seine kleinen Kinder eine Mutter brauchte. Es war für die beiden äußerst schmerzlich, daß sie nur bürgerlich heiraten konnten. Sie gingen mit voller Treue alle Sonntage zur Messe, beteten zu Hause, versuchten in den ersten Jahren immer wieder, einen Priester zu finden, der sie zu den Sakramenten zulassen würde. Umsonst. So waren dreißig Jahre vergangen, als ich auf Wunsch des dem Tode nahen Kehlkopflosen die Familie besuchte, um in einer Hausmesse die Sterbesakramente zu spenden. Das Ehepaar, dessen Leid dem Sterbenden so sehr am Herz lag, kam zu einer langen Aussprache und Beichte: wunderbare Menschen, ohne jede Bitterkeit. Sie empfingen mit dem Sterbenskranken und seiner Familie zusammen die heilige Kommunion. Und sie gingen getröstet nach Hause. Mein von grausamen Schmerzen geplagter Freund sagte mir: „Jetzt habe ich mich mit dem nahen Tod versöhnt. Ich freue mich so sehr mit diesen zwei guten Leuten. Ihre Behandlung durch die Kirche hat mich oft sehr gegrämt."

Ich könnte allein aus meinen eigenen Erfahrungen ein Buch darüber füllen, ganz abgesehen von den noch viel zahlreicheren Fällen, die mir befreundete Priester oder Freunde von Betroffenen erzählten. Bis vor etwa zwanzig Jahren wehte in so manchem kirchlichen Ehegericht ein kalter, bürokratischer Wind, der dem Evangelium direkt entgegengesetzt war. Menschen, die von der Scheidung schon zutiefst verwundet waren, rieben sich noch mehr wund an gesetzlicher Hartherzigkeit. Man ließ schwer betroffene Menschen Monate und Jahre warten, forderte sinnlos immer neue Dokumente und Zeugen; und schließlich kam dann die Antwort: „Die Nichtigkeit der Ehe steht nicht fest." Und selbst dort, wo man es mit menschlich sympathischen Eherichtern zu tun hatte, blieb doch die schier unglaubliche Tatsache, daß man 100%ig sichere Beweise und eine vollständige Dokumentation „brauchte". Fehlte auch nur ein Prozent zur allseitig dokumentierten Sicherheit, so wurde gesetzlich lebenslange Ehelosigkeit verordnet.

7. Moralische Gefühllosigkeit oder sündhafte Strukturen?

Rigorismus und bürokratische Kälte in fast allen Ehefragen – Mischehen, Empfängnisregelung und insbesondere gegenüber Geschiedenen, die sich wieder verheiratet hatten – wurde über Jahrzehnte zu einer Hauptursache von Kirchenfremdheit und Kirchenaustritten. Eine anglikanische (episcopalian) Pfarrei in Chicago stellte vor mehr als dreißig Jahren fest, daß sie dieser Praxis der römisch-katholischen Kirche über die Hälfte ihrer Pfarrangehörigen verdankte.

Darf man hier Unmoral vermuten, oder soll man von sündhaften Strukturen sprechen? Oder gilt, was Max Weber zu Beginn des Jahrhunderts behauptete, daß nämlich der katholische Priester ebenso wie der Bankbeamte Vertreter einer bürokratischen Kultur sei? Fehlte es den kirchlichen Autoritäten an Lernbereitschaft, und warum? Vielleicht deshalb, weil niemand öffentlich zu protestieren wagte. Hat es sich auf diese Weise gerächt, daß höchste kirchliche Stellen zuweilen die freie innerkirchliche Meinungsbildung blockierten und Protest wie einen glimmenden Docht auslöschten?

In zahlreichen Diözesen, vor allem in englisch sprechenden Ländern, hat sich vieles zum Besseren gewandelt. Man hat die Verfahren vereinfacht und beschleunigt und spürt weithin menschliche Feinfühligkeit und seelsorgerliches Denken.[1] Man konnte und kann doch weithin wagen, den Seelsorgern und den Betroffenen zu sagen: „Fasset Mut!"

Doch das neue Kirchenrecht hat sinnvolle Erleichterungen, die für einzelne Regionen gewährt waren, wieder rückgängig gemacht. Das Bestehen auf einer zweiten Instanz verschleppt immer noch viele Verfahren. Das ganze Institut der kirchlichen Ehegerichte steht noch weithin in schlechtem Ruf, zum Teil vielleicht zu Unrecht. Die Ehegerichte sind überlastet. Wenn alle, die guten Grund haben, an der Gültigkeit der zerbrochenen Erstehe zu zweifeln, sich an das kirchliche Ehegericht wenden würden, käme es zu absoluter Verstopfung und Staus. Die große Gefahr für die Ehegerichte ist, daß sie zum „Tribunal", zum Gerichtshof werden, wo die heilende Liebe des Erlösers schwer Einlaß erhält und wo heilende Diener und Dienerinnen der Kirche bei allem guten Willen nicht das Klima finden, das für ein heilendes Helfen günstig wäre.

8. Eine radikale, neue Herausforderung an die Kirche

Die Kirche muß sich ernstlich überlegen, ob es nicht ganz andere Wege, ein ganz anderes Denken und ganz andere Institutionen geben könnte, die die Kirche der Welt überzeugend als Sakrament des Heiles, der heilenden und versöhnenden Liebe Christi kenntlich, erfahrbar machen würden.

Die Kirche ist seit dem Zweiten Vatikanischen Konzil in einer Phase des Aufbruchs, eines epochalen Auszugs aus einer Kultur der fast totalen Kontrolle, der gesetzlichen Sanktionen. Ein neuer Wind weht, auch wenn gar mancher sich bemüht, die Fenster, die Papst Johannes XXIII. geöffnet hat, um frische Luft hereinzulassen, wieder zu schließen und zu verriegeln. Doch insgesamt stehe ich zu meiner Ermunterung: „Fasset Mut!" Wir wollen den Mut haben, der neuen Situation nüchtern, aber auch im Vertrauen auf den Herrn der Geschichte beherzt ins Auge zu schauen.

Die Gestalt und die Funktionen der Ehe und der Familie und ihre sozio-ökonomische, kulturelle Umwelt haben sich grundlegend verändert. Die Großfamilie, in der Unverheiratete, Verlassene, Witwer früher ein Daheim und eine Stütze hatten, besteht nicht mehr. In den industriellen Ballungen gibt es auch keine nachbarliche Stütze mehr. In der bäuerlichen und handwerklichen Welt bis zum letzten Jahrhundert fand man sich relativ leicht damit ab, daß man nicht zur Heirat kam. Man konnte die landwirtschaftlichen und kleinhandwerklichen Betriebe nicht wesentlich vermehren. Man hatte neben Auswanderung seit Beginn der Neuzeit Alternativen: als geachteter Onkel oder Tante auf dem elterlichen

Anwesen oder beim verheirateten Bruder zu bleiben oder bei Wahl des Ordensberufes sogar eine Stufe auf der sozialen Leiter aufzusteigen.

Heute gilt das Recht, eine eigene Familie zu gründen, das Recht zu heiraten, zu den am stärksten gefühlten Grundrechten. Wird darum einem in kirchlicher Erstehe Gescheiterten Ehelosigkeit verordnet, selbst wenn man menschlich gesprochen zugeben muß, daß die gescheiterte Ehe vielfach von Anfang an keine guten Chancen hatte, so verwundert und verwundet das die Betroffenen und ihre Angehörigen auf eine Weise, die früher gar nicht denkbar gewesen wäre. Der Alleinstehende ist heute in der Industriegesellschaft mit ihrer Anonymität und ihren Entordnungen außerordentlich verwundbar. Die geschiedene oder verlassene Frau wird als potentielle Rivalin schief angesehen. Mit dem Zusammenbruch der Ehe scheint jeder Halt zerbrochen zu sein. Ganz neu wird das „Vae soli" – „es ist für den Menschen nicht gut, allein zu sein" – erfahren. Statistiken zeigen, daß die alleinstehenden Geschiedenen für psychosomatische Krankheiten anfälliger sind als Gleichaltrige in Familiengeborgenheit. Ihre Selbstmordrate ist um ein Vielfaches höher als bei Menschen in gesunden Ehen. Die Gefahr der Drogenabhängigkeit und/oder des Alkoholismus ist besorgniserregend.[2]

Die Ehe ist heute sehr viel verwundbarer und ungeschützter als in den bäuerlich-handwerklichen Kulturen unserer Großväter. Man sucht in der Intimsphäre einen Ausgleich gegenüber der kollektiven Arbeitswelt. Man erwartet sich vom Ehepartner sehr viel mehr, und weithin sind die Heiratenden von einer erstaunlichen Beziehungsarmut gezeichnet infolge unserer Konsumgesellschaft und einer ganz auf

Leistung ausgerichteten öffentlichen „Erziehung“. Ehen dauern, wenn sie nicht zerbrechen, heute etwa doppelt solange wie vor zwei oder drei Generationen. Man lebt länger. Und die heutige Kernfamilie hat sehr viele Funktionen verloren, die früher den äußeren Zusammenhalt gestärkt haben. Wenn die erwachsenen Kinder ausziehen, stellen sich für die noch relativ jungen Gatten ganz neue Probleme, wie sie die entstehende Leere ausfüllen sollen. Schlimm, wenn sie nicht durch gemeinsame Ideale und gemeinsamen Einsatz für Werte und Ziele zusammengehalten werden.

Die Liste der Veränderungen könnte noch lange fortgesetzt werden. Hat sich die Kirche genug bemüht, das hohe Zielgebot der Treue mit einer Erziehung zu der Freiheit, zu der uns Christus berufen hat, zu verbinden? Diese und viele andere Fragen stellen sich auch gegenüber der Praxis und Lehrausprägung bezüglich Ehe und Ehescheidung. Die oftmals kranke und krank machende Institution der kirchlichen Ehegerichte ist nur eines der Symptome einer fehlenden Anpassung.

Die seit Papst Alexander III. im zwölften Jahrhundert sich durchsetzende Lehre, daß eine Zweitehe nach dem Scheitern einer Erstehe schlechthin zu verdammen ist, es sei denn, es bestehe absolute Klarheit über die Ungültigkeit der ersten Ehe, hat in damaliger Kultur im großen und ganzen gut funktioniert: Der Staat schützte die Ehe mit seinen Sanktionen. Das ganze Eigentumsrecht drängte den Gedanken an eine Ehescheidung leicht beiseite. Und wie schon gesagt – aber es sei nochmals hervorgehoben –, der Getrennte hatte in der Großfamilie seine Geborgenheit. Den Notstand, daß er keine eigene Familie mehr gründen konnte, hatte er mit sehr vielen anderen Menschen gemeinsam. Erst die moderne Industriegesellschaft macht allen eine Familiengründung ökonomisch möglich.

All das und vieles andere muß bedacht werden, wenn die hohe Zahl von Geschiedenen und Getrennten, vor allem, wenn sie sich gedrängt fühlen, wieder zu heiraten, in der Kirche eine volle Beheimatung finden sollen.

Schon vor Jahrzehnten habe ich mir in Afrika und in weiten Gebieten Lateinamerikas, ganz besonders bei den Kariben, von Bischöfen, Priestern und Laien sagen lassen, daß ein sehr großer Teil von Katholiken lange Zeit zusammenlebt, bevor sie sich zu kirchlicher Eheschließung entschließen könnten. Als Hauptbeweggrund wurde immer wieder genannt: „Wir wollen im Frieden mit der Kirche sterben und am Ende die Sakramente empfangen. Es fällt uns leichter, jetzt für Jahre mit dem Gesetz der Kirche in Konflikt zu kommen, als nach einer gescheiterten Ehe für das ganze weitere Leben von den Sakramenten ausgeschlossen zu sein."

Jetzt stehen wir auch in unseren Ländern vor dem gleichen Phänomen: Ehe ohne Trauschein. Es hat selbstverständlich vielfältige Ursachen. Aber sehr oft habe ich nun ähnliche Erwägungen gehört wie früher in Afrika, in Lateinamerika und bei den Kariben. Sogar viele kirchlich gesinnte Eltern billigen heute ein ehe-ähnliches Zusammenleben ihrer erwachsenen Kinder mit dem gleichen Argument: „Ihr sollt nicht, wenn die erste Partnerschaft scheitert, für das ganze Leben von den Sakramenten ausgeschlossen sein." Natürlich scheitert dann eine solche Ehe ohne Trauschein noch leichter.

Ich will es dem Leser gleich hier sagen: Ich meine, die katholische Kirche könnte aus ihrer eigenen vielfältigen Tradition und zumal aus der Tradition der Oikonomia der Ostkirchen sehr viel lernen. Wir werden uns fragen, was das genau bedeutet. Jedenfalls können wir uns einer gründlichen Neuüberlegung nicht entziehen. Die Krankheit ist schwerwiegend, sie hat tiefe Wurzeln. Mangelnde Anpassung an die neuen Chancen und neuen Nöte verlangen Mut zu neuem Lernen, freimütigem Ausdiskutieren, neue Akzente und Horizonte in der gesamten Erziehung und Verkündigung.

II
Alte und neue Denkmodelle: Umdenken und Strukturreform

1. Gesetz und Gnade oder Gnade und Gesetz?

„Das Gesetz wurde durch Mose gegeben, die Gnade und die Wahrheit kamen durch Jesus Christus" (Joh 1,17). Christus will die Unauflöslichkeit der Ehe, als Bringer der Gnade, als Ermöglicher durch den Heiligen Geist. Hätten die Juden alle das Bundesgesetz von der Paraklese her, vom befreienden und geschenkhaften Handeln Jahwes her gesehen, wäre Mose der Herzenshärte nicht so ohnmächtig gegenübergestanden. Nacktes Gesetzesdenken verstärkt die Herzenshärte. Unauflösliche Treue gedeiht durch das Ja zur Gnadenherrschaft; sie ist Zeichen des kommenden und angenommenen Reiches der Gnade und des Friedens.

Um Zugang zur Forderung der Unauflöslichkeit zu gewinnen, muß der Mensch beherzt eintreten in den Bereich der Erlösung, durch Glauben und in absoluter Offenheit für die Gnade. Glaube selbst ist dankbarer, froher Empfang der sich in Christus offenbarenden Herrschaft der Gnade. Im hohepriesterlichen Gebet Jesu vor seinem Hingang, vor seinem totalen Sich-Hinschenken für das Heil der Welt, sind seine Jünger ganz und gar mit hineingenommen in die sich schenkende Liebe zwischen dem Vater und dem Sohn im ewigen Urereignis des Schenkens: im Heiligen Geist. Sechsmal klingt der

Grundakkord der Gnade an: „Dein sind sie, und du hast sie mir geschenkt" (Joh 17,6). Aber ebenso und noch grundlegender ist die Glaubenserfahrung, daß der Vater uns seinen Sohn, Jesus Christus, gesandt, geschenkt hat.

Wenn wir von unauflöslicher sakramentaler Ehe sprechen, so gehört sie vor allem in diesen umgreifenden Raum der Gnade. In einer Ehe, die dem Heilsplan des Vaters und dem Kommen Christi entspricht, sehen sich die Gatten gegenseitig als „Theodor" (Gottes Geschenk) und „Dorothee" (Geschenk Gottes) an im Blick auf Christus und die Kirche: Christus als das Urgeschenk des Vaters, und die Kirche (die Jünger insgesamt und jeder wahrhaft Glaubende) als Geschenk des Vaters an Christus.

Eine Ehemoral, die jeden ehelichen Akt unter den Leistungsdruck *(debitum)* einer ganz einseitig auf den „Zeugungszweck" ausgerichteten (um nicht zu sagen „verzweckten") Verbindung stellt, weist nicht genug auf den Raum der Gnade, der schenkenden Liebe, die „Frucht trägt in Liebe". Das Zweite Vatikanische Konzil spricht befreiend von der gegenseitigen Hingabe, vom beglückenden gegenseitigen „Sich-Schenken" der Gatten in ehelichen Akten als „Zeichen der ehelichen Freundschaft" im Gesamtblick auf ein Leben im Füreinander und Miteinander: „Diese Liebe hat der Herr durch eine besondere Gabe seiner Gnade und Liebe geheilt [...]. Jene Akte also, durch die die Eheleute innigst und lauter eins werden, sind von sittlicher Würde; sie bringen, wenn sie human vollzogen werden, jenes gegenseitige Übereignetsein zum Ausdruck und vertiefen es, durch das sich die Gatten gegenseitig in Freude und Liebe reich machen" (GS Nr .49).

Im Gegensatz zu dem damals vorherrschenden augustinischen Ehemodell schreibt schon Alfons von Liguori, daß es nur zwei der Ehe innewohnende und jeder Ehe und jeder ehelichen Vereinigung unverzichtbar eigentümliche Zielsinne gibt: „die gegenseitige Selbstübergabe und das unauflösliche Band". Das gegenseitige Sich-Schenken im Ehebund und in human vollzogenen ehelichen Akten zielt auf die Stärkung und Bewahrung des „unauflöslichen Bandes". Alfons nennt die Weitergabe des Lebens und die Beruhigung der Triebunruhe zwar „innerwesentliche Sinnziele" der Ehe und der ehelichen Vereinigung, aber sie sind für ihn „accidentales", das heißt: „Es ist sicher, daß unter gewissen Umständen der Ausschluß eines zwar innewohnenden, aber der Ehe nur bedingt zufallenden Zielsinnes den Ehebund nicht nur nicht ungültig, sondern auch nicht unerlaubt macht". Und Alfons sagt ausdrücklich, daß, was vom Ehebund als solchem gelte, auch auf die ehelichen Akte zutreffe (Theol. Moralis, liber I, tr. VI n. 900 verglichen mit n. 882).

Diese Sicht hat ganz und gar nichts mit Kinderunfreundlichkeit zu tun. Gerade die sich durchhaltende Sicht und Grundentscheidung für das Sich-gegenseitig-Schenken, und dadurch die Stärkung des unauflöslichen Bundes, ist der fruchtbare Boden für wahrhaft menschliche Fruchtbarkeit in Liebe und für die dankbare Annahme des verantwortlich ins Leben gerufenen Kindes als das kostbarste Geschenk Gottes. Dies gehört wesentlich zu einer Gnadenmoral, ohne die das Reden von Unauflöslichkeit mehr auf „Mose" als auf Christus verweist, durch den Gnade und Wahrheit kommen.

Eine einseitige und rigoristische Verzweckung der

Ehe und ehelichen Akte auf Zeugung und eine unglaubliche Minderbeachtung des gegenseitigen Sich-Schenkens auch in Hinsicht auf das unauflösliche Band hat leider beigetragen, viele Ehen anzunagen oder gar zu untergraben. Dazu kommt eine unhaltbare Identifizierung zwischen Keuschheit und Enthaltsamkeit auch in der Ehemoral. Nicht das Sich-Enthalten von ehelicher Zärtlichkeit und Ganzhingabe, sondern zärtliche gegenseitige Ganzhingabe sind Kern und Stern ehelicher Keuschheit. Nur von dort her läßt sich dann auch zeitweise Enthaltsamkeit sinnvoll beleuchten und motivieren.

Diese Sicht der Gnade darf der Ehelehre nicht äußerlich angeflickt werden, sie ist ihr Fundament. Sie hebt sie in den Raum, in dem und für den Jesus sein Wort über eheliche Unauflöslichkeit spricht.

Was ich hier sagen will, deckt sich präzis mit einer Aussage von Kardinal Joseph Ratzinger: „Anstatt in die Kasuistik der Gesetzesauslegung einzutreten und hier diesen oder jenen Standort zu beziehen, greift Jesus hinter Gesetz und Auslegung zurück auf den Ursprung, auf das, was es mit dem Menschen von Gott her eigentlich ist und sein soll [...]. Da Jesus hinter die Ebene des Gesetzes zurückgreift auf den Ursprung, darf sein Wort selbst nicht wieder unmittelbar und ohne weiteres als Gesetz angesehen werden; es ist nicht aus dem Bereich des Glaubens und der Nachfolge ablösbar und kann nur im Zusammenhang der durch Jesus eröffneten und im Glauben angenommenen neuen Situation Sinn haben" (in: J. Ratzinger/H.D. Wendland, Theologie der Ehe, Regensburg, 2. Aufl. 1972, 83f).

Soweit ich sehe, würde heute kaum ein angesehener katholischer, orthodoxer oder protestantischer Exeget dem widersprechen. Daraus sind Folgerungen zu ziehen für pastorale Grundkonsequenzen in Treue zum Primat der Gnade über das Gesetz: „Ihr steht nicht mehr unter dem Regime eines Gesetzes, sondern unter der Gnade“ (Röm 6,14). Gesetzlicher Rigorismus verdeckt den Zugang zu Gabe und Auftrag unauflöslicher Treue im Ehebund. Die ganze Moraltheologie, die ganze Verkündigung und Pastoral müssen davon Zeugnis geben, daß in Jesus die rettende, heilende Wahrheit und das Reich erlösender und frei und treu machender Gnade kommt. Auf diese Grundlage müssen wir immer wieder zurückkommen.

Hier sei nur eine Anmerkung gemacht, zunächst in Form einer Frage: Stimmt damit eine Praxis von kirchlichen Ehegerichten überein, die sich bei der Frage nach der Gültigkeit der sakramentalen Erstehe nicht darum kümmert, ob dabei wenigstens ein Minimum von Glaubensausrichtung und Vertrauen auf die Gnade und eine Sicht der Ehe als „Gabe und Aufgabe“ vorhanden war? Ist nicht die Praxis von vorgestern und zum Teil noch von heute ein pures Zurückfallen auf eine verschärfte, überwunden geglaubte Gesetzessicht? Sind wir nicht durch eine legalistische Moral und ein falsches Vertrauen auf gesetzliche Sanktionen mitschuldig, daß weithin Glaube und Gnade nicht zum Tragen kommen?

Typisch christliche Moralverkündigung und Glaubenserziehung aber sollte Paraklese sein, jene im Vertrauen auf das Wirken des Hl. Geistes angebotene Ermunterung, gemäß dem „Gesetz der Gnade“ zu leben. In der konsequenten Ausrichtung solcher Art liegt wohl die entscheidende Wende. Sie ist jedoch keineswegs leicht, da allzu viele Christen auf allen Ebenen eben doch mehr dem Pochen auf das Gesetz vertrauen.

Ich möchte vor allem einem Mißverständnis wehren. Es ist absolut zu wenig, wenn man sagt, unauflösliche Ehe sei nach der Bibel ein Ideal, schlimmer noch, wenn man sagt, es sei *bloß* ein Ideal. Es handelt sich ganz und gar nicht um ein unverbindliches Ideal, sondern um ein den Christen voll und ganz in Pflicht nehmendes *Zielgebot*, genau wie die Entfeindungsliebe und das Herrenwort: „Seid barmherzig, wie es euer Vater im Himmel ist."

Ein Zielgebot ist richtungweisend, verpflichtet aber auch, daß man sich auf das Erreichen des Zieles einstellt, vorbereitet, ertüchtigt und die entsprechenden Verhaltensweisen einübt und liebt. Es gehört dazu vor allem die volle Bereitschaft sowohl zum Erbitten wie zum Schenken heilender Verzeihung; ebenso das Einüben der Dankbarkeit, eines dankbaren Gedächtnisses, der heilenden Gewaltfreiheit, das Gebet um treue, verstehende Liebe.

Für ganz besonders wichtig halte ich die Betrachtung über die zuvorkommende Liebe und Gnade Gottes. Wenn ich angefangen habe, Gott zu mißfallen und der Sünde nachzugeben, dann ginge es auf der rutschigen Bahn hoffnungslos abwärts, würde mir nicht Gott in zuvorkommender Liebe zu Hilfe kommen. Er tut dem Sünder gegenüber immer den ersten Schritt. Sind wir von dankbarem Staunen über diese zuvorkommende Liebe erfüllt, werden wir von innen her – eben durch die Gnade – angetrieben, Gott dankbar nachzueifern und unserem Nächsten gegenüber ebenso zu handeln. Das gilt vor allem als ein Grundgesetz in der Ehe, im Blick auf ihr innerwesentliches Angelegtsein auf unauflösliche Treue.

Das über Ehe unter dem Zeichen des Zielgebots der Unauflöslichkeit Gesagte wird nur dann zum

Tragen kommen, wenn im Gesamt der Moraltheologie und pastoraler Moralpädagogik die Zielgebote insgesamt gebührend hervortreten. Einseitiges und übertriebenes Betonen der grenzziehenden Gebote (Verbote) und gar eine unbegründete Einforderung von Grenzgeboten bedeutet einen Rückfall unter das Regime des Gesetzes, das entmutigt, verzagt macht oder zur Rebellion herausfordert. Die grenzziehenden Gebote sind heilsam und hilfreich, wenn sie ganz im Blick auf die Zielgebote und das Herrschen der göttlichen Gnade gesehen werden.

2. Entscheidende Rolle des sakramentalen Verständnisses

Ganz entscheidend für die Ehepastoral und die Praxis der Kirche ist die rechte sakramentale Sicht der Heilsordnung. Ein falsches oder einseitig rituelles Verständnis des Sakramentsbegriffs blockiert viele Energien und macht sinnvolle Lösungen bisweilen unmöglich. Darum sei hier ein Aufriß einer Annäherung an das Sakramentsverständnis im Blick auf das sakramentale Tun der Kirche gegenüber den Eheleuten und das sakramentale Verständnis der christlichen Ehe angeboten.

Urgrund und Urbild der Sakramentalität ist Christus. In ihm ist die heiligende und heilende Liebe Gottes voll sichtbar, erfahrbar geworden. Gegenüber der Kirche und ihrem sakramentalen Leben ist die entscheidende Frage die Transparenz der urbildlichen Sakramentalität Christi, gemäß einem berühmten Wort des Papstes Leo des Großen: „Was in unserem Erlöser sichtbar geworden ist, setzt sich fort in den Sakramenten“ (Sermo 72,4: PL 54,398). Die Kirche nimmt an der allumfassenden Sakramentalität Christi in dem Maße teil, als sie Christus und sein Evangelium in ihrem Leben sichtbar macht und den Gläubigen hilft, in Gemeinschaft und einzeln glaubwürdige, wirksame Zeichen des in Christus hereinbrechenden Reiches der Gnade und Liebe Gottes zu werden. Augustinus hat das unübertrefflich dargestellt, wenn er sagt: „Die Sakramente der Taufe und Eucharistie sind in der Kirche verborgen. Aber während sie den Heiden verborgen bleiben, können eure guten Taten sichtbar werden. Was so sichtbar wird, erfließt aus jener Tiefe, die sie nicht wahrnehmen können, so wie der sichtbare Teil des Kreuzes von jenem Teil getragen ist, der in der Erde verborgen ist“ (Zum Psalm 103: PL 37, 1348).

Die Kirche muß sich deshalb auf allen Ebenen und in ihrer ganzen Selbstdarstellung, insbesondere in ihrer sakramentalen Praxis – aber nicht ausschließlich –, stets aufs neue fragen, ob sie alles so ordnet, lebt, tut, daß sie treu auf unseren Erlöser und seine Menschenfreundlichkeit weist. Bei jedem Bestreben bezüglich Einzelweisungen ihres göttlichen Meisters muß sie zuallererst und allerletzt sich fragen, ob sie dadurch so gut als möglich den allbarmherzigen, heilbringenden und heilenden Erlöser treu darstellt.

Jenseits und über der seit dem Konzil von Trient sich in den Vordergrund schiebenden Frage nach der Gültigkeit des sakramentalen Eheabschlusses steht die Frage, wie die Kirche den gläubigen Christen hilft, für ihren Ehegatten, ihre Kinder und für ihre Umwelt wirksam zu erfahrende Zeichen der Heilsliebe und heilenden Liebe Christi zu sein und immer besser zu werden. Die liturgische Feier und sogar die

Rechtspraxis stehen im Dienste der Berufung, Heilszeichen füreinander und miteinander zu werden.

Eine gewisse Sakramentalität kann allen Ehen aller Zeiten, Zonen und Religionen zukommen, wenn Ehe und Familie und jeder Partner durch treue, zärtliche, fürsorgende, verzeihende, versöhnende, heilende Liebe auf den Urquell des Heiles verweisen, ausdrücklich oder einschlußweise durch die lebenswahre Treue und Liebe. Das spezifisch Christliche ist die Ausdrücklichkeit des Glaubens und Glaubensverständnisses „in Christus, durch Christus und mit Christus". Um zum Sakrament des Glaubens zu werden, bedarf die Ehe des ausdrücklichen Glaubens und der gläubigen Sicht oder doch wenigstens einer Grundhaltung und eines Grundverhaltens, die der Glaubensstruktur und Glaubensdynamik entsprechen. Das wird sich vor allem in der Grunderfahrung der Gratuität zeigen, kraft deren sich die Gatten als Geschenk von Gott her empfangen und miteinander in Dankbarkeit und dankbarer Liebe wachsen.

Ist diese Sicht theologisch richtig – und mit den Ostkirchen zweifle ich nicht daran –, so muß sie auch in der gesamten Pastoral, vor allem in der Ehepastoral und in der Beurteilung gescheiterter Ehen, fruchtbar gemacht werden. Würden sich die christlichen Eheleute über diese ihre sakramentale Würde und Berufung klar sein, würden sie manche Hürden relativ leicht und heil überwinden und einander helfen, Wunden zu heilen.

Einer der tiefstgreifenden Unterschiede und Spannungsherde zwischen dem Gesamt der orthodoxen Kirchen und der Kirche Roms ist seit Jahrhunderten die sakramentale Sicht des Bußsakramentes. Für die ununterbrochene Tradition der Ostkirchen geht es in der gewöhnlichen Beichte vor allem um den Lobpreis der *heilenden* Barmherzigkeit Gottes und daraus erfließend um die Heilkraft des Sakramentes, während sich im Westen weithin die *richterliche* Funktion des Bußpriesters in den Vordergrund geschoben hat, mit all den angsterregenden Fragen nach den artbestimmenden Unterschieden, den Grenzen zwischen Todsünde und Wundsünde usw. Der hl. Alfons hat sich schon vor 250 Jahren für die mehr therapeutische Sicht der Ostkirchen und eines Teiles unserer westlichen Tradition entschieden.

Heute bahnt sich in der katholischen Kirche diesbezüglich eine heilsame Neubesinnung an, die der ganzen Kirche, dem ökumenischen Anliegen und der gesamten Ehepastoral zugute kommen kann.

In der gesamten sakramentalen Schau der Ostkirchen, die ja auch bei Leo dem Großen für den Westen noch bezeugt ist, ist es einfach undenkbar, grundsätzlich Gläubigen in schwierigen Situationen zu sagen: Gott nimmt sicher euren guten Willen an und verzeiht euch, aber der Weg der Sakramente muß euch, da ihr „objektiv“ im Stande der schweren Sünde lebt, versperrt bleiben.[3]

Ich habe in zahlreichen Gesprächen in Afrika und mit afrikanischen Bischöfen und Priestern immer wieder gehört, wie fromme Katechumenen, die vor ihrer Glaubensbekehrung eine sozial durchaus gebilligte Polygamie eingingen, reagieren, wenn man ihnen sagt: „Gott nimmt sicher deine Glaubensbekehrung gütig an, er liebt dich, aber für die Zulassung zu den Sakramenten taugst du nicht!“ Sie können nur den Kopf schütteln, daß man ihnen zugleich ein Ja und ein kategorisches Nein sagt. Für sie ist die sakramentale Symbolsprache der Sakramente ganz und gar entscheidend. Müßte es nicht auch für uns in Europa so sein?

Die Oikonomia-Praxis der orthodoxen Kirche und teilweise auch der mit Rom vereinten Ostkirchen, von der unten noch die Rede sein wird, hat ihre tiefsten Wurzeln in ihrer sakramentalen Sicht, die ich im obigen kurz darzustellen versuchte.

3. Überprüfung der anthropologischen Grundlagen

Die tiefgreifenden Unterschiede zwischen der Praxis der orthodoxen Kirchen und der Kirche Roms und des Westens haben auch kulturelle Hintergründe und stehen im Zusammenhang ihres jeweiligen anthropologischen Verständnisses der Beziehung zwischen Mann und Frau und insbesondere der Ehe und der entsprechenden Aufgaben der Kirche. Die starke Fixierung auf den juridisch-richterlichen Aspekt der Buß- und Beichtordnung im Westen ist gar nicht denkbar ohne die Verflochtenheit der Kirche (auch, aber nicht allein durch den Kirchenstaat) mit der sozialen, politischen Gesamtsituation. Grundlegende Studien der Kultur-, Religions- und Familiensoziologie gebieten eine gründliche Besinnung über Wert und Unwert vergangener Modelle der Inkulturation und eines eventuellen Festhaltens unter ganz anderen makro- und mikrosoziologischen Gegebenheiten.

Alles, was mit Sexualität zusammenhängt, hat in der römisch-katholischen Kirche neben dem sicher auch gegebenen Willen, dem Gebot des Herrn treu zu sein, sehr viel mit augustinischen Engführungen und anderen ähnlichen Einflüssen zu tun.

Es ist einfach nicht sinnvoll möglich, an gewissen normativen Formulierungen bis in die sprachliche

Form hinein festhalten zu wollen, wenn man eingesehen hat, wie sehr sie bedingt sind durch heute neu beleuchtete Interpretierungen der „Natur", der sexuellen Anlage und Zielbestimmung der Menschen, der Rolle der Frau usw. In den protestantischen Kirchen (mit Ausnahme fundamentalistischer Gruppen) haben diesbezüglich viele Neuüberlegungen stattgefunden in einem Klima des Freimuts. In der katholischen Kirche konnte lange Zeit eine öffentliche Meinungsbildung kaum voranschreiten. Schon vor Beginn des Zweiten Vatikanischen Konzils war die Lage gespannt. Heute stehen wir, wie Karl Rahner schon vor Jahren angemahnt hat, wieder unter einer Frostwelle, die das gemeinsame Suchen und Unterscheiden schwierig macht. Aber schauen wir auf die Gesamtdynamik unserer Kirche, dürfen wir doch sagen: „Fasset Mut!"

Auf der ganzen Linie heutiger ökumenischer Theologie zeichnet sich ein vertieftes und wissenschaftlich sorgsam begründetes neues Verständnis des Verhältnisses zwischen Evangelium und Gesetz, Sakrament und Leben, Gnade und sittlicher Weisung ab. Die Humanwissenschaften werden in der gesamten Theologie, vor allem in Pastoral- und Moraltheologie zunehmend ernst genommen. Grundsätzlich wird ja gesagt zur Notwendigkeit der Inkulturation und einer daraus sich ergebenden Pluralität der Sichtweisen und Akzentsetzungen, der Vielfalt in der Einheit bei treu gepflegtem Dialog und damit einem ständigen Lernprozeß. Eine Neuhinwendung zum Besten, was in unserer eigenen westlichen Tradition über Epikie und heilsamen Gebrauch des Gesetzes gesagt worden ist, hilft wenigstens teilweise als Heilmittel gegen eine zu wenig differenzierende Anwendung des Gesetzesbuchstabens auf nur schwer vergleichbare und vielgestaltige Situationen. Es ist Teil einer Zuwendung zum „Geistgesetz des Lebens in Jesus Christus“ (Röm 8,2).

Und nicht zuletzt fasse ich Mut und Zutrauen zur Zukunft unserer Kirche aufgrund einer vielerorts wachsenden ökumenischen Demut: des Bewußtseins, daß auch die römisch-katholische Kirche von anderen Teilen und Traditionen der Christenheit vieles lernen kann und muß. Ich höre von vielen Seiten jedoch den Einwand: „Siehst du denn nicht den wieder kräftig ins Kraut schießenden Zentralismus?“ Gewiß, ich sehe mit Sorge gewisse Tendenzen, aber ich sehe auch die stärkeren Gegenkräfte und vertraue auf den allseitigen guten Willen.

Zusammenfassend dürfen wir wohl die These wagen, wenn auch vorsichtig ausgedrückt: Die katholische Kirche ist nicht auf Gedeih und Verderben an ihre bisherige, überstrenge Praxis gebunden. Das gründliche Studium der verschiedenen Traditionen innerhalb der Christenheit und auch innerhalb der römisch-katholischen Kirche, das sorgfältige Studium der diesbezüglichen Texte der Heiligen Schrift, das heute ökumenisch gefestigte Verständnis von „Gesetz und Gnade“, von „Glaube-Gnade und Gesetz“, das in der ganzen Christenheit und vor allem in der neueren katholischen Theologie gewachsene Verständnis von Sakrament insgesamt und von Ehe als Sakrament im besonderen[4] geben der katholischen Kirche durchaus den Freiraum für eine pastorale Neuorientierung, wie sie von der heutigen Situation in weiten Teilen der Welt und von den besten anthropologischen Einsichten nahegelegt wird.

III

Die erhoffte neue Sichtweise: Spiritualität und Praxis der Oikonomia

Die mutige Erneuerung der Theologie in fast all ihren Verzweigungen, geduldige wissenschaftliche Forschung, pastorale Gesinnung und der Mut zum Dialog und zur Konfliktaufarbeitung werden, so darf man hoffen, trotz aller Widerstände reiche Früchte tragen. Die katholische Kirche hat heute eine Zahl qualifizierter Theologen aller Fächer und Richtungen, die wohl die Zahl der Theologen von 18 oder 19 Jahrhunderten übertrifft. Unsere Bischöfe und Seelsorger haben ein höheres Bildungsniveau als jemals. Es herrscht auch größere Freiheit als in den letzten Generationen. Vieles ist schon mehr oder weniger theologisch aufgearbeitet, und zwar nicht weniger durch das gläubige Volk als durch die Gelehrten. Noch nie hatte die Kirche auch nur annähernd eine ähnlich gebildete und theologisch wache Laienschaft. Unsere aktiven Gläubigen sind in der Tat in wichtigen Fragen, auch der Frage, die uns hier besonders beschäftigt, keine „Laien“ mehr. Sie wachsen zu größerer Mündigkeit mit einem zunehmenden Sinn für Unterscheidung heran. Der Glaubenssinn des ganzen Gottesvolkes, auf den Kardinal Newman seinerzeit trotz allem so viel setzte, hat heute eine ungeahnte Dynamik, mit größerer Kompetenz und mit größerem Freimut.

Dies gibt auch mir Mut zum Vertrauen. Ich wage

zu hoffen, daß die Spiritualität und die Praxis der orthodoxen Kirchen, bereichert und befruchtet und vielleicht auch gereinigt durch unsere eigene Tradition und durch neue Lernprozesse, weithin die Landschaft unserer Kirche in der Frage von Ehescheidung und Wiederverheirateten bestimmen wird, und nicht allein auf diesem Gebiet.

1. Was bedeutet die Spiritualität der Oikonomia?

In Vorbereitung eines eventuellen panorthodoxen Konzils und in den ökumenischen Gesprächen der orthodoxen Kirche mit Rom und den aus der Reformation hervorgegangenen Kirchen und Konfessionen steht die Oikonomia an vornehmem Platz. Es liegt mir fern, hier die ganze Bandbreite der Frage aufzurollen. Dazu bedürfte es einer umfangreichen Abhandlung mit viel wissenschaftlichem Apparat. Andere sind daran, dies zu besorgen. Hier sei nur das für unser Thema Wichtigste gesagt:

Oikonomia meint die ganze Heilsordnung Gottes als des gütigen Hausvaters und eine Spiritualität, die geprägt ist vom Lobpreis des allbarmherzigen „Haushalters" der Kirche, vom Vertrauen auf den *guten Hirten*, der jeden und jede bei ihrem Namen kennt und ruft und notfalls auch einmal die 99 gesunden Schafe eine Weile zurückläßt und in Erstaunen setzt, um einem einzigen verlorenen Schäflein liebend, heilend nachzugehen. Oikonomia-Spiritualität und -Praxis sind in den Ostkirchen gar nicht denkbar ohne ihre sorgsam gepflegte pneumatologische Theologie und Frömmigkeit. Sie baut auf den Glauben an den Heiligen Geist (den *Parakletos*), den Tröster und

Ermöglicher alles Guten, den Geist der Wahrheit, der uns liebend einführt in die von Jesus verkündete Wahrheit, in seine Liebe und Hirtensorge. Es geht um den vertrauensvollen Glauben an den Heiligen Geist, der uns, wenn wir uns ganz dem Lob Gottes weihen und demütig beten, Weisheit und Unterscheidungsgabe lehrt; der uns Gebot und Gesetz ganz im Blick auf die Gnadenordnung erschließt. In allem steht im Vordergrund die Überzeugung, daß der Buchstabe ohne den Geist nur töten kann. *Oikonomia* ist ein viel weiter gefaßter Begriff und eine Spiritualität, die das Beste unserer westlichen Aussagen über Epikie mit einschließt und entschlüsselt, aber weit darüber hinausgeht.

In der Oikonomia-Spiritualität und -Praxis vereinigt sich das Charisma der Mönche und Einsiedler, die sich ganz vom Geiste leiten lassen wollen und sich dem Gotteslob weihen, mit der schlichten Frömmigkeit der meist verheirateten Seelsorge-Priester. Es ist eine gegenseitige Ergänzung. Die Oikonomia ist ihnen gar nicht denkbar ohne den festen Glauben an die Berufung aller zur Heiligkeit, im sich steten Öffnen für das „Geistgesetz des Lebens in Christus“.

Es gibt in der großen Tradition der orthodoxen Kirche keine „wissenschaftliche“ Theologie, losgelöst von der Eucharistie und der eucharistisch erfahrenen Gratuität des christlichen Lebens. Es gibt Kirchenordnungen, zum Teil auch bis ins einzelne gehend, aber nie losgelöst von der alles verklammernden Spiritualität und Praxis der Oikonomia, von der durch und durch trinitarischen Frömmigkeit, die aus der Oikonomia lebt.

2. Anwendung der Oikonomia auf die Lehre von der Unauflöslichkeit der Ehe

Es gehört zum theologischen Allgemeinwissen, daß die Aussagen des Konzils von Trient über die von Gott gewollte und von Christus verkündete Unauflöslichkeit der Ehe vom Konzil erst angenommen wurden, als versichert wurde, daß dadurch die Oikonomia-Praxis der Ostkirchen nicht verurteilt werde.

Es ist kaum anzunehmen, daß damals in Trient viele Konzilsväter daran dachten, daß eine Oikonomia-Praxis auch in der römisch-katholischen Kirche zu erwägen sei. Es ging der Kirche im Trienter Konzil um Verteidigung der eigenen, seit dem Papst Alexander III. (12. Jahrhundert) sich durchsetzenden Praxis, die praktisch jedem Geschiedenen eine Wiederverheiratung verbot und durch die Einführung der obligaten kirchlichen Eheform auch tatsächlich unmöglich machte. Die Verurteilung richtet sich gegen jene, die einfachhin behaupteten, die Kirche (von Rom) irre, wenn sie lehre, daß die Ehe unauflöslich sei. Das Verbot der Wiederverheiratung war damit, wenn auch ungenau, eingeschlossen.

Wenn wir heute ein neues Überdenken der Praxis erbitten, so schließt das nicht ein, daß die Kirche damals geirrt hat; nicht einmal, daß sie in ihrer Praxis geirrt hat. Es mag durchaus damals die bestmögliche Annäherung an das heiße Problem gewesen sein, unter den damaligen Umständen und bei der damaligen mangelnden Kenntnis der eigenen Tradition. Auf jeden Fall läßt die Konzilsaussage von Trient den dogmatischen Raum offen für die existentielle Frage: Was kann die westliche Kirche im Zeitalter des

Ökumenismus in diesen und ähnlichen Fragen von der Spiritualität und Praxis der orthodoxen Kirchen lernen, und was dient ihrer pastoralen Sendung in der heutigen Welt oder doch in weiten Teilen der katholischen Kirche am besten, um sich treu zu zeigen gegenüber dem Hausvater, der aus seinem göttlichen Schatz der Weisheit Altes und Neues zu verbinden vermag.

Nach dieser unerläßlichen Anmerkung sei nun möglichst kurz auf die Oikonomia-Praxis in bezug auf Scheidung und Wiederverheiratung eingegangen. Fürs erste ist zu betonen, daß die Ostkirchen erfinderisch waren in der guten Vorbereitung und in ergreifenden Liturgien, um zur unauflöslichen Treue in der Ehe anzuleiten. Fürs zweite ist nicht weniger wichtig zu sehen, daß die orthodoxen Kirchen in ihren besten Traditionen alles darangesetzt haben, heilbare Ehen zu heilen, vor allem in der Anleitung zu heilendem Verzeihen, was ja ein wesentlicher Punkt ihrer Oikonomia-Spiritualität war und ist. Die uns westliche Christen peinigende Frage, ob eine Ehe gültig geschlossen war oder aufgrund eines Mangels als ungültig erklärt werden könne, kam kaum in Sicht. Es gab keine Ehetribunale im westlichen Sinn. Sie hätten überhaupt nicht in ihren Rahmen, in ihre Geistigkeit, Kultur und Spiritualität gepaßt. Gab es diesbezügliche Ansätze, so stammten sie aus dem Westen.

a) „Bis der Tod uns scheidet“

Im Hauptstrom der orthodoxen Kirchen bedeutete der physische Tod eines Gatten nur eine sehr partielle „Scheidung“ vom treu geliebten Ehepartner. Der von der Geistigkeit seiner Kirche geprägte Witwer oder die Witwe nahmen das Herrenwort „Wer es fassen kann, der erfasse es“ (Mt 19,12) sehr ernst, und jeder prüfte sich, ob er es fassen kann. Es gehörte aber auch zur Oikonomia-Beratung durch den Bischof, Starez oder Pfarrpriester die Frage, ob es in der jeweils konkreten Situation aus irgendwelchen Gründen nicht doch angezeigt sein könnte, sich wieder zu verheiraten, z.B. um der Erziehung der Kinder willen. Der orthodoxe Christ verheiratete sich sozusagen widerwillig ein zweites Mal, da er sich durch starke geistliche Bande an seinen dahingeschiedenen Gatten gebunden fühlte. Die Pflege dieser starken geistigen Bande gehörte ja zur ganzen Oikonomia-Spiritualität, der Erziehung und Ermutigung zu treuer Liebe auch noch über das Grab hinaus. Doch es folgte daraus nie eine Gewissensknechtung. Man bejahte das Pauluswort: „Eine Frau ist gebunden, solange der Mann lebt, wenn aber ihr Mann gestorben ist, ist sie frei zu heiraten, wen sie will, nur geschehe es im Herrn. Glücklicher aber ist sie zu preisen, wenn sie nach meinem Rat unverheiratet bleibt – und ich denke, daß auch ich den Geist Gottes habe“ (1 Kor 7,39-40).

b) Der „moralische Tod“ der Ehe

In den orthodoxen Kirchen wird der moralische Tod einer Ehe als sehr viel ernster und radikaler angesehen als das Dahinscheiden eines Ehepartners, d.h. als die Beendigung des Zusammenlebens durch den leiblichen Tod. Der „moralische Tod“ einer Ehe ist eine totale Zerstörung, ein höchst peinliches Zerbrechen einer auf Unauflöslichkeit angelegten Ehe.

Wie man in der heutigen Medizin nicht so einfach den Moment des physischen Todes feststellen kann, wie man es vielleicht hoffte, so bestanden und bestehen auch nicht unerhebliche Schwierigkeiten bei der Bestimmung der endgültigen Zerstörung einer Ehe. Nach guter Oikonomia-Praxis wird man alles tun, den moralischen Tod zu verhüten, solange noch eine reale Hoffnung besteht.

Was wird als „moralischer Tod“ angesehen? Sicher nicht ein einzelner Akt des Ehebruches. Während römisch-katholische Kanonisten und Kasuisten zeitweise und ortsweise behaupteten, eine Frau, deren Mann Ehebruch begangen habe, habe das Recht, ihm den Beischlaf für immer zu verweigern, und könne eventuell auch Trennung von Tisch und Bett vornehmen (natürlich ohne Wiederverheiratung), hat es kaum nennenswerte Vertreter der Ostkirchen gegeben, die einzelne schwerwiegende Akte gegen die eheliche Treue als „moralischen Tod“ bezeichneten. Man sah und sieht den moralischen Tod für gegeben an, wenn ein Zusammenleben nach schwerem Mißverhalten nichts mehr mit einem Heilssakrament zu tun hat, z.B. wenn ein Gatte dem Partner die freie Betätigung seines Glaubens unmöglich macht, ihn zu schwer sündhaftem Tun verführen oder zwingen will, wenn er Leben und leibseelische Integrität des Partners schwer bedroht und ähnliches, und man mit moralischer Sicherheit nicht mehr auf eine Wandlung hoffen kann. Kurzum, der moralische Tod wird als eingetreten angenommen, wenn in dieser Ehe nichts mehr an Heilsträchtigem übrigbleibt, ja wenn ein Zusammenleben sogar gegen das Heil und die Integrität des anderen Gatten wirkt. Es ist wohl jedem klar, daß hier ein nicht-ritueller Begriff von Sakramentalität einer ganzheitlichen Sicht der Gesamtsakramentalität der christlichen *Heilsökonomie* eingeordnet ist.

Der moralische Tod wird erst diagnostiziert – in der Oikonomia-Beratung –, wenn eine Wiedererwekkung dieser Ehe auf das Niveau der Heilsökonomie nicht mehr realistisch erhofft werden kann. Eine schnelle Wiederverheiratung kommt darum nicht in Frage. Es bedarf einer Trauerzeit, einer Zeit zum Heilen tiefer Wunden. Vor allem wenn eine eventuelle, wenn auch nicht grobe Schuld des in seinem Heil und seiner Integrität bedrohten Gatten nicht ausgeschlossen ist, erwartete man wenigstens zwei Jahre Trauerarbeit und auch Bußzeit.

Nach dem moralischen, äußerst schmerzlichen und verwundenden Tod einer Ehe stand für die Spiritualität der orthodoxen Kirche die Mahnung zur Ehelosigkeit um des Himmelreiches willen ("Wer es fassen kann, der fasse es!") nicht so stark im Raum wie bei dem physischen Tod eines geliebten, treuen Gatten. Wiederum steht hier die therapeutische Dimension der ostkirchlichen Spiritualität spürbar im Vordergrund. Wer seinen Gatten durch moralischen Tod verloren hat, bedarf unseres tiefsten Mitgefühls, und dieses darf nicht verdunkelt werden bei einer eventuell berechtigten Hilfe, dem Betroffenen etwaiges eigenes Versagen vor sich selbst und vor Gott einzugestehen und daraus zu lernen.

c) Der „psychische Tod“ des Gatten

Die Sozialwissenschaften sprechen heute im Westen von einem „sozialen Tod“, wenn in unserer Kultur alte, schwache, nicht mehr produktive Menschen praktisch ausgegliedert sind, als ob sie nicht mehr für uns existierten. Dies ist eines der größten Leiden und eine Fehlentwicklung unserer Wohlfahrts- und Erfolgskultur. Insbesondere die Geisteskranken gehören zu denjenigen, die allzuleicht den „sozialen Tod“ erleiden.

In der besten Tradition der Ostkirchen war Geisteskrankheit eine „heilige“ Krankheit: Man fühlte sich dem seelisch erkrankten Menschen gegenüber ganz besonders von Christus angesprochen. So übrigens auch bei allen heiligen Menschen unserer eigenen Tradition. Aber etwas ganz anderes ist, ob ein eheliches Leben mit einem völlig unzurechnungsfähigen, geistig schwer Kranken zumutbar, ja überhaupt auf der Ebene des Heilssakramentes möglich ist. Im 18. Jahrhundert haben mehrere Moralisten behauptet, eine Ehefrau müsse dem Verlangen des geisteskranken Mannes nach ehelichem Verkehr stattgeben, damit der Same nicht verlorengehe; denn man sah ja (im Nichtwissen um das weibliche Ei) im männlichen Samen schon den „homunculus“, den winzig kleinen Menschen. Aus den Ostkirchen ist mir nie so eine Meinung aufgetaucht. Man sah einfach den ehelichen Verkehr mit einem Geisteskranken, völlig gestörten Menschen, als absolut unzumutbar an. Und man ging weiter in der Annahme, daß hier ein gegenseitiges eheliches Verhältnis nicht mehr sakramental, heilskräftig sein kann.

Für den Westen ist bekannt, daß der hl. Bonifatius in Rom angefragt hat, ob ein Ehemann, dessen Frau geisteskrank und unzurechnungsfähig ist, wenn ihm völlige Enthaltsamkeit als unmöglich erscheint, sich eine zweite Frau nehmen dürfe. Dies wurde von Rom unter Gregor II. als Zugeständnis erlaubt, jedoch mit der Mahnung, man möge die Pflegepflicht gegenüber der geisteskranken Frau nicht vernachlässigen. Es paßt ganz in unsere westliche Tradition, daß die Frage, ob umgekehrt auch eine Frau sich wieder verheiraten dürfe, offenbar nicht aufgetaucht ist. In der orthodoxen Überlieferung ist dagegen „psychischer Tod" etwas, das sowohl den Mann wie die Frau betreffen kann. Selbstverständlich war man sehr behutsam im Feststellen, ob solche Geisteskrankheit unwiderruflich sei und ob sie einen Grad erreicht habe, der eheliche Beziehungen auf dem Niveau der Heilskraft und echter Liebesvereinigung unmöglich mache. Und selbstverständlich wurde auch die Pflegeverpflichtung durch die Angehörigen nicht vergessen. Etwas ganz anderes war es jedoch, ob sie dem Gatten zufalle oder der Großfamilie, aus der der Geisteskranke kam.

Im Laufe der letzten Jahrzehnte wurde von sehr vielen kirchlichen Ehegerichten angenommen, daß Geisteskrankheiten (besonders einige spezifische Formen), die nach Eheabschluß ausbrechen, auch schon wenigstens latent und das Ja-Wort beeinträchtigend bei der Eheschließung wirksam waren, man also die Ehe für ungültig erklären kann. Wiederum sei auf den Unterschied gegenüber der Oikonomia-

Praxis hingewiesen. Man fragt hier nicht, ob die Eheschließung gültig war oder nicht, sondern ob die Ehe als zwischenmenschliche heilsträchtige Beziehung durch den vollen und unheilbaren Ausbruch der Geisteskrankheit endgültig verunmöglicht sei. Die Oikonomia-Entscheidung kann sehr viel schwieriger sein als eine Ungültigkeitserklärung durch ein katholisches Ehetribunal und mehr Zeit des Abwartens verlangen; im Vordergrund steht ja die Pflicht heilender Liebe. Und wie groß und wunderbar kann angesichts seelischer Erkrankung eine ganz therapeutische kirchliche Gemeinschaft zusammen mit einem ganz auf Heilung und Heil eingestellten Gatten sein!

d) Der „zivile Tod“

Mit dem „zivilen Tod“ meinen wir z.B. eine bürgerliche Todeserklärung für Verschollene. Der Begriff in der Oikonomia-Praxis ist umfassender. In einer besonderen Art wurde er auch von Rom anerkannt, nämlich für verschleppte Sklaven, die keine Hoffnung haben konnten, ihren Gatten, von dem sie weggeraubt wurden, irgendwie oder irgendwo wieder zu finden. Es wurde ihnen von Rom gestattet, sich neu zu verheiraten, und wenn dann später gegen alles Erwarten der erste Gatte wieder auftauchte, blieb es bei der zweiten Ehe, und auch der andere Gatte konnte sich wieder verheiraten. Dies ist an sich eine typische Oikonomia-Lösung. Sie wirkt sich aber nicht genauso aus wie in den Ostkirchen, weil sie nicht im Rahmen einer gesamten Oikonomia-Spiritualität und Praxis steht. Angesichts der vielen Kriegsvermißten nach dem letzten Weltkrieg war die katholische Seelsorge in ganz großer Verlegenheit, ob und wann und unter welchen Bedingungen man nach langer Verschollenheit dem zurückgebliebenen Gatten eine Wiederverheiratung gestatten könne. Ich verstehe vollauf, daß man hierin einem strengen Tutiorismus folgte; man wollte unsagbares Leid bei einer eventuellen Wiederkehr verhüten.

In einem breiten Sektor der Oikonomia-Tradition zählt auch lebenslanges Zuchthaus nach einem entsprechenden Verbrechen zum „zivilen Tod", da und insofern ein eheliches Leben ja nicht mehr möglich ist. Ich halte es persönlich für ein ganz besonders anrührendes Zeichen echter „Sakramentalität" im Lebensvollzug, wenn der Gatte eines zu lebenslänglichem oder doch Jahrzehnte dauerndem Gefängnis bzw. Zuchthaus Verurteilten in liebend sorgender Verbundenheit mit ihm bleibt. Es soll auch alles getan werden, um im Strafvollzug den Gatten nicht einfach vom Leben seiner Familie auszugrenzen.

Eine andere Frage ist es, ob von einem lebenswahren Oikonomia-Denken her ein Fortführen einer Ehe noch *zumutbar* ist – und zwar nicht von einem Charisma her, sondern gesetzlich verordnet –, vor allem wenn es sich um eigentliche Verbrecher grausamer Art handelt.

3. Die von der Oikonomia geprägte Einsegnung der Zweitehe

Obwohl es uns nicht gestattet sein kann, die von der Oikonomia-Spiritualität geprägte Form einer Segnung der Zweitehe nach dem Scheitern der nach unserer Tradition gültigen Erstehe vorzunehmen, solange es die höchste kirchliche Autorität verwehrt, scheint es mir doch zum Gesamtverständnis notwendig, auf einen besonderen Charakterzug einer solchen kirchlichen Segnung hinzuweisen. Es besteht innerhalb der weltweiten orthodoxen Kirchen auch eine gewisse Vielfalt an Riten, aber allen ist eines gemeinsam: Es wird schmerzlich an das Scheitern der Erstehe erinnert; der Ton liegt auf Gottes Langmut und Barmherzigkeit; es wird deutlich, daß man nicht auf ein Recht pocht, sondern Gott für seine gütige, heilende Heilsökonomie zu danken hat. Nachdrücklich wird um das Geschenk des Friedens von oben gebetet.

Die liturgische Einladung zum Lobpreis aus einem bußfertigen Herzen ist ergreifend, z.B. in folgendem Gebet der liturgischen Feier einer solchen Zweitehe:

„Kyrie eleison!

Gebieter, Herr, unser Gott, der Du allen mild gesinnt bist und für alle sorgst, der Du die Geheimnisse der Menschen kennst und von allem weißt, tilge unsere Sünden und vergib Deinen Knechten ihre Übeltaten; rufe sie zurück zur Umkehr und schenke ihnen Nachsicht der Übertretungen, Reinigung von den Sünden, Verzeihung ihrer absichtlichen und unabsichtlichen Missetaten; denn Dir ist die Schwäche der Menschen wohlbekannt, da Du ihr Schöpfer und Bildner bist. Der Du der unzüchtigen Rahab verziehen und die Reue des Zöllners angenommen hast, gedenke nicht der Sünden unserer Unwissenheit von Jugend auf; denn wenn Du auf die Übertretungen achten willst, o Herr, wer wird bestehen? Und welches Fleisch wird gerecht vor Dir? Denn Du allein bist gerecht, sündlos, heilig, voll Barmherzigkeit, voll Mitleid im Herzen, denn Dich schmerzet der Menschen Missetat. Du nun, Gebieter, der Du Deine Knechte N.N. und N.N. Dir zu eigen gemacht hast, verbinde sie einander durch die Liebe; schenke ihnen des Zöllners Bekehrung, die Tränen der Buhlerin, das Bekenntnis des Schächers; damit sie in Buße von ganzem Herzen in Eintracht und Frieden Deines himmlischen Reiches dereinst würdig befunden werden.

Denn Du bist der Haushalter über alles, und Dir senden wir den Lobpreis empor ..."

Darauf folgt nochmals das Gebet um Frieden und die Einladung: „Beugt eure Häupter dem Herrn". Dann folgt das wohl typischste Gebet, das den Oikonomia-Charakter der Zweitehe unübersehbar macht:

„Herr Jesus Christus, Du Wort Gottes, der Du, auf das ehrwürdige und lebendigmachende Kreuz erhöht, den Schuldschein, der wider uns war, zerrissen und uns aus der Macht des Teufels erlöst hast, tilge die Vergehen Deiner Knechte, welche, da sie die Hitze und Bürde des Tages und das Brennen des Fleisches nicht zu ertragen vermögen, zu einer zweiten Ehe zusammentreten, wie Du es durch das Gefäß Deiner Erwählung, den Apostel Paulus, unserer Schwäche halber angeordnet hast, indem Du sagtest: ‚Es ist besser, in die Ehe zu treten im Herrn, als entbrannt zu sein". Du nun, Gütiger und Menschliebender, erbarme Dich und verzeihe, tilge, erlaß, vergib uns unsere Schulden; weil Du es bist, der unsere Gebrechen auf die Schultern geladen hast; denn niemand ist ohne Sünde oder Fehl, außer allein Du [...]. Denn Du, o Gott, bist der Gott der Bußfertigen, und Dir senden wir die Verherrlichung empor."

Man beachte, daß, bei allem deutlichen und vielleicht überdeutlichen Hinweis auf das Versagen der Brautleute, der Priester und auch die Umstehenden sich in das Bekenntnis der Sündhaftigkeit und den Ruf um Erbarmen einschließen. Und alle Stimmen münden immer wieder in den Lobpreis auf den Allbarmherzigen ein.[5]

Man muß die liturgische Feier einer Zweitehe als Teil des Gesamtvorgangs der Anwendung der Oikonomia sehen, die immer wieder in den Lobpreis auf den allbarmherzigen und allheiligen „Haushalter" *(oikónomos)* einmündet. Die Ratsuchenden und der Beratende (bzw. die Beratenden) suchen gemeinsam die größtmögliche Treue gegenüber dem Zielgebot der unauflöslichen Ehe, aber ganz im Rahmen des umfassenderen Zielgebotes: „Seid barmherzig wie auch euer himmlischer Vater!" Nicht nur bei der liturgischen Feier der Zweitehe, sondern im ganzen Verlauf werden sich die Beteiligten immer wieder bewußt, daß wir alle auf die heilende und erbarmende Liebe des göttlichen „Haushalters“ angewiesen sind.

Solange noch eine sinnvolle Hoffnung auf Heilung einer angeschlagenen Ehe besteht, ist die fruchtbare Spannung zwischen dem konkreten Zielgebot der unauflöslichen Ehe und dem umfassenderen Zielgebot, Abbild des allbarmherzigen Gottes zu sein, wohl auch die kraftvollste Motivation für gegenseitiges Verzeihen und besseres Verstehen angesichts des Allerbarmers. Ich glaube, daß diese Spiritualität und Praxis der Oikonomia wirksamer auf Dauerhaftigkeit der Ehe und auf Friede hindrängt als gesetzliche Härte, zumal wenn sich im vorherrschenden Institut der Ehetribunale die Strenge des Gesetzes vom Zielgebot der Barmherzigkeit loslöst und viele Menschen zum Aufruhr gegen eine allzu gesetzliche Kirche und, leider, auch gegenüber der so verstandenen Norm der Unauflöslichkeit der Ehe führt.

IV
Wie kann es in unserer Kirche zu einer Oikonomia-Praxis kommen?

1. Vorrang der Oikonomia-Spiritualität

Einfach vorzupreschen und nach der Praxis der Ostkirchen unsere drängenden Probleme zu lösen, ist unorganisch und kann kaum zum Ziel führen. Wir müssen auch im Rahmen unserer Kirche ihr auf jeder Wegstrecke eine glaubwürdige Loyalität bezeugen. Aber wir ehren die Kirche Christi nicht durch einen geistlosen, sondern nur durch einen schöpferischen Gehorsam. Wir treten voll in die ökumenische Dynamik unserer eigenen Kirche ein, wenn wir ganz persönlich und in Gemeinschaft uns so viel als möglich die Oikonomia-Spiritualität der orthodoxen Kirchen aneignen und verinnerlichen, in unserer persönlichen Frömmigkeit, in der Katechese, in der Predigt, in der liturgisch-eucharistisch geprägten Spiritualität.

Dabei ist es unübersehbar – und wir sollten es nicht übersehen –, daß eine vom Geist der ostkirchlichen Tradition bereicherte Spiritualität in weiten Teilen unserer Kirche bereits im Kommen ist. Es ist unsere unabdingbare Pflicht, in unserer Kirche für eine gesunde und starke öffentliche Meinung zugunsten eines gelebten Ökumenismus zu arbeiten. Dazu gehört nicht nur ein unpolemisches Verstehen anderer Traditionen, sondern auch ein hohes Maß an Lernbereitschaft und Demut, um im Blick auf das

Evangelium wertvolle Elemente der ursprünglich gemeinsamen Tradition in unser theologisches Denken und in unsere Frömmigkeit zu reintegrieren. Wir müssen und wollen alles tun, um unsere Bischöfe, Seelsorger und Gläubige zu überzeugen, daß wir uns selbst beschenken, wenn wir uns von der großen ostkirchlichen Tradition beschenken lassen und von ihr lernen.

Zeigen wir uns in der Frage der Oikonomia gegenüber Geschiedenen und auch sonst in unserer Moral- und Pastoraltheologie aufgeschlossen und dankbar, so fällt orthodoxen Brüdern und Schwestern ein Stein vom Herzen. Sie haben im Blick auf eine volle Aussöhnung und Wiedervereinigung der beiden Schwesterkirchen begreiflich Angst vor einem römischen Zentralismus, der Hand in Hand geht mit Bestrebungen, alles gesetzlich einheitlich zu regeln, auch im Blick auf wirksame Kontrolle durch die römischen Instanzen.

Ich möchte hier freimütig erzählen, warum mir dieser Punkt so sehr am Herzen liegt. In Rom hatte ich zur Zeit von Papst Paul VI. und Patriarch Athenagoras eine freundschaftliche Beziehung zu einem orthodoxen Künstler und Journalisten, dessen Firmpate Patriarch Athenagoras war. Dieser gab meinem Freund den Auftrag, mich einen wichtigen Brief lesen zu lassen. Darin sprach der großartige Patriarch seine tiefe Verehrung für Papst Paul VI. aus und seinen eigenen festen Entschluß, alles zu tun für die Wiedervereinigung. Er sprach aber auch von den weitverbreiteten Befürchtungen innerhalb der orthodoxen Kirchen. Ganz konkret sprach er seine Überzeugung aus, daß eine endgültige Aussöhnung nicht denkbar sei, wenn nicht Rom überzeugend eine

Billigung der Oikonomia, auch in Fragen der Geschiedenen, zum Ausdruck bringe. Der Patriarch sah in der päpstlichen Stellungnahme gegen Kontrazeption kein Problem für die orthodoxe Tradition, da auch sie gegen Kontrazeption seien, wobei sie freilich alle Härtefälle mit der bewährten Oikonomia sinnvoll lösen können; und dies geschehe ja in der Gewissensberatung. Viel entscheidender aber sei für sie die Frage der Oikonomia in bezug auf Geschiedene und Verlassene, deren Erstehe hoffnungslos tot ist.

2. Psychotherapie im Geiste der Oikonomia-Spiritualität

Nichts hindert uns, auch heute schon in unserem Verständnis des Bußsakramentes und in der Beichtpraxis den Geist der Oikonomia walten zu lassen. Dieses Anliegen fällt mit bestimmten Formen der psychotherapeutischen Gewissensberatung zusammen. Wir erfüllen unsere beratende Funktion im Dienste der heilenden Liebe Christi, wenn wir nicht einbahnig eine gesetzliche Lösung oder Verpflichtung diktieren, sondern auf den Pulsschlag des Gewissens unseres Gegenübers achten, im Füreinander und Miteinander der Gewissen im Geiste der Pastoralkonstitution (GS Nr. 16): „Durch die Treue zum Gewissen sind die Christen mit den übrigen Menschen verbunden im Suchen nach der Wahrheit und zur wahrheitsgemäßen Lösung all der vielen Probleme, die im Leben der Einzelnen wie im gesellschaftlichen Zusammenleben entstehen."

Im Fall der psychotherapeutischen Beratung von Geschiedenen, die entweder schon wiederverheiratet sind oder eine Zweitehe in Erwägung ziehen, werden wir einer Grundeinsicht von Viktor Frankl und anderen Psychotherapeuten folgen: Anstatt die Leute einfach mit einer Norm zu konfrontieren, etwa der Norm, die unserem Gewissen entspräche oder einfach allgemeine Norm der Kirche ist, werden wir geduldig hinhören, wie unser Gegenüber selbst den Weg zum Innersten *seines* Gewissens sucht, was *seine* Motive und Gründe sind. Indem wir mit einem wachen Gewissen (con-scientia: ein existentiell erfahrenes Wissen im Verein mit dem andern) zuhören und die Möglichkeiten sorgsam abtasten, helfen wir ihm im ehrlichen Suchen nach mehr Licht. Unser „Wort", unsere Gesten, unser Gesicht sollen ermuntern, nicht aber Tadel und Unwillen verraten. Es soll immer ein Wort jener Liebe sein, die einfachhin *die* Wahrheit ist.

Als Christen werden wir in solchen Situationen dieses Miteinander und Füreinander im Gewissen im vollen Bewußtsein der Gegenwart des Heiligen Geistes, des Trösters, des Ermöglichers, des Geistes der Wahrheit, leben und vertrauen, daß Er, wenn wir liebend aufeinander hören, in allen und für alle wirkt. Unser primäres Bewußtsein steht also nicht vor einer gesetzlichen Norm, sondern vor dem Gnadenwirken des Heiligen Geistes. Das ist echter Ausdruck der Oikonomia-Gesinnung.

Eine solche Paarung von Oikonomia-Spiritualität mit den Grundregeln heilender Liebe (vgl. etwa die Logotherapie) wird sich bewähren in der oft nicht leichten „Trauerarbeit" nach dem Zusammenbruch einer Ehe, im Aufarbeiten verwundender Erfahrungen und, wo es der Fall ist, eigenen Versagens und schließlich bei der Überlegung der Geschiedenen, die sich fragen, was für sie in ihrer konkreten Situation das Bessere oder wenigstens das geringere Übel sein könnte. Kommt der Betroffene am Ende einer solchen Beratung bzw. Therapie zu dem Gewissensurteil, daß es für ihn, für seine Kinder usw. das Bessere sei, an eine Zweitehe zu denken, so können wir zwar nicht als Vertreter der Kirche eine direkte Bekräftigung geben, wie es der orthodoxen Oikonomia-Beratung entspräche; aber wir werden unsere Ehrfurcht vor der ehrlichen Gewissensentscheidung zum Ausdruck bringen. Dabei wird es sich nicht vermeiden lassen, die Frage anzuschneiden, wie die kirchliche Gemeinschaft und der amtliche Seelsorger wohl reagieren werden. Wir können jedoch auch auf die Oikonomia-Lösung der Ostkirchen hinweisen und unsere bescheidene Meinung ausdrücken, ob die Entscheidung unseres Gegenübers den Grundlinien der Oikonomia entspreche oder nicht.

Handelt es sich um Geschiedene, die friedvoll in einer Zweitehe leben und erst dort eigentlich zum Glauben bzw. zu einer Glaubensbekehrung gekommen sind, während sie zur Zeit der gescheiterten Erstehe entweder überhaupt nicht zur Kirche gehörten oder kirchlich völlig abständig waren, so können wir eine Lösung finden, die sowohl der Oikonomia-Haltung wie auch unserer eigenen besten Tradition entspricht. Kommen sie also zu uns, während sie guten Glaubens in der Zweitehe leben (und die ganze Zeit lebten) und erst jetzt eigentlich zum Glauben und zur Kirche finden, so ist m.E. eine Lösung aufgrund der Epikie und/oder eine Lösung im inneren Forum (vgl. S. 81) möglich. Ich weiß, daß so auch schon viele Bischöfe und auch Kardinäle überzeugt gehandelt haben. Je tiefer wir in die

Oikonomia-Spiritualität hineinwachsen, und je besser wir die Spannbreite unserer eigenen Tradition kennen, um so überzeugender und heilender können wir dann helfen.

Dagegen können wir wenigstens einstweilen, wohl nicht zu einer Segnung der Zweitehe im Sinne der Oikonomia der Ostkirchen schreiten. Dies ist uns verboten und ist auch nicht nötig, obwohl es manchmal an sich gewünscht würde.

V
Erste Schritte zu einer gesetzlichen Neuregelung

1. Überwindung eines harten Tutiorismus im kirchlichen Ehenichtigkeitsprozeß

Ein wichtiger Schritt aus dem Geist der Oikonomia und in Richtung auf eine entsprechende Praxis wäre meines Erachtens ein Geltendmachen der „Billigkeit“ *(aequitas)* für den Ehenichtigkeitsprozeß. Dies wäre durchaus keine revolutionäre Neuerung, sondern ein Schritt, der dem gegenwärtigen Rechts- und Billigkeitssinn innerhalb der Kirche und Gesamtgesellschaft entspricht. Es geht um nichts weniger und um nichts mehr als die längst fällige Überwindung eines harten Tutiorismus im Blick auf eine zweifelhafte Gültigkeit der Erstehe.

In zähem Kampf gegen Jansenismus und Rigorismus hat die Kirche auf fast allen Gebieten der Moral den gesetzesgläubigen Tutiorismus überwunden, jedoch nicht in bezug auf das Abwägen der Spannung zwischen Gesetz und Freiheit angesichts einer höchst zweifelhaften Gültigkeit einer hoffnungslos zerstörten Ehe.

Der Tutiorismus rigoristischer Moralisten behauptete, daß im Konflikt zwischen Freiheit und einer zweifelhaft bestehenden Verpflichtung gesetzlicher Art, ganz besonders wenn es möglicherweise um ein göttliches oder naturgesetzliches Gebot gehe, die Freiheit so lange zurücktreten müsse, bis die Nicht-

Existenz oder die Nicht-Anwendung eines Gesetzes eindeutig und zweifelsfrei bewiesen sei. Dahinter stand die falsche Überzeugung, daß das Tun des Guten und das Handeln gemäß einem Gesetz sich völlig decken. Die Rigoristen sahen gar nicht den Raum für schöpferische Freiheit. Nach ihrer Ansicht darf der Christ nur das tun, was ausdrücklich durch Gesetz erlaubt ist.

Vor allem der hl. Alfons hat gegen die tutioristische Einengung der christlichen Freiheit gekämpft. Sein Hauptargument war: Gott hat nicht zuerst Gebote und Verbote aufgestellt und dafür einen Menschen geschaffen; im Gegenteil, Gott hat den Menschen für die Freiheit erschaffen, und Gebote und Verbote zum Schutz der wahren Freiheit gegeben: „Zu einem Leben in Frieden hat Gott euch berufen" (1 Kor 7,15).

Der Tutiorismus erdrückt die schöpferische Freiheit des Menschen für das Gute. Er führt zur Auflehnung gegen das als unerträglich empfundene Gesetz. Mit dem hl. Alfons behaupten heute alle angesehenen Moraltheologen und Seelsorger: Es ist ungerecht, dem Menschen gesetzliche Lasten aufzubürden, wenn nicht hinreichend feststeht, daß sie von Gott so gewollt sind. Es ist auch Sünde gegen die rechte Heilsverkündigung, eine gesetzliche Forderung unter Drohung mit Todsünde einzufordern, wenn eine solche Forderung nicht eindeutig beweisbar ist bzw. einsichtig gemacht werden kann. In der allgemeinen Moraltheologie sind dies heute allgemein anerkannte Grundsätze, jedoch nicht auf dem Gebiet der Ehemoral in bezug auf die Verpflichtung zur Ehelosigkeit nach dem Scheitern einer zweifelhaft gültigen Ehe.

Die kirchlichen Ehegerichte verlangen vielfach heute noch hundertprozentige Beweise und Dokumentationen als Bedingung für die Ungültigkeitserklärung. Umgekehrt heißt dies: Auch aufgrund der allerdünnsten Zweifel, ob vielleicht die Erstehe doch gültig war, wird im entsprechenden Falle die gesetzliche Verpflichtung zur Ehelosigkeit „verordnet". Hinter diesem Tutiorismus – diesem „Sicher-gehen-Wollen" – steht die Furcht, sich möglicherweise an der Sakramentalität der Ehe zu versündigen durch das Tolerieren einer Zweitehe. So kommt man dazu, gerade auf diesem empfindlichsten Gebiet die härteste Erzwingung eines gesetzesgläubigen Tutiorismus anzuwenden. Man vergißt den ansonsten unangefochtenen Grundsatz: „Die Sakramente sind für den Menschen" und den noch klareren Grundsatz: Gesetze sind für den Menschen, nicht aber der Mensch für höchst zweifelhaft bindende Gesetze.

2. Respektierung des menschlichen Grundrechtes auf Ehe

Die Härte einer solchen Gesetzespraxis wurde in früheren Zeiten innerhalb der europäischen Gesellschaft nicht annähernd so gespürt wie heute; denn aufgrund der sozio-ökonomischen Struktur konnten ohnehin lange nicht alle Heiratsfähigen heiraten. Zudem war für die Ledigen und auch für Getrennte innerhalb der Großfamilie jener Zeit menschlich gesorgt.

Heute wird das Recht auf Ehe und Familie als eines der grundlegendsten Menschenrechte empfunden. Die Vorenthaltung dieses Rechtes hat für den

Alleinstehenden, vor allem für den Geschiedenen oder Verlassenen, vielfach katastrophale Folgen, wie Alkoholismus, Drogenabhängigkeit, ja Verzweiflung bis zum Selbstmord. Es dürfte auch den kirchlichen Gesetzgebern nicht unbekannt sein, daß die Geschiedenen, denen eine Wiederverheiratung unmöglich ist, eine vielfach höhere Selbstmordziffer aufweisen als jene, die in Ehe und Familie geborgen sind. Die Kirche, die sich zur Vorkämpferin für die Menschenrechte macht, sollte von einem theologisch absolut nicht zu begründenden Tutiorismus abrücken, „um unseres Heiles willen".

Angesichts einer unwiderruflich „toten" Erstehe sollte im Zweifelsfall über deren anfängliche Gültigkeit kein Zweitehe-Verbot bestehen. Es soll vielmehr den Geschiedenen, die persönlich überzeugt sind, daß ihre Erstehe von vorneherein ungültig und zum Scheitern verurteilt war, freistehen, sich wieder zu verheiraten, „im Herrn".

Ich möchte jedoch einen Vorbehalt anmelden: Hat sich einer der Gatten in ärgerniserregender Weise ehezerstörerisch benommen, so soll ihm vor Zulassung zu einer Zweitehe eine entsprechende Therapie angeboten werden, und zwar auch im Falle einer wahrscheinlichen Ungültigkeit der Erstehe – zu seinem Heil und zum Heil eines eventuellen Partners.

Ich möchte dies mit einem mir persönlich bekannten Fall illustrieren: Die Ehe eines homosexuellen Mannes, der seine homosexuelle Neigung und Aktivität in einer seine Frau ungemein verletzenden Art geltend gemacht hat, wurde vom kirchlichen Ehegericht annulliert. Dies bedeutete für die unschuldige Frau Freiheit, zu heiraten. Dem Mann wurde jedoch ein Eheverbot auferlegt bis zur Bewältigung seiner Homosexualität. Der Schock hat den Mann zu einer Therapie veranlaßt, die sich schließlich auch als erfolgreich erwies, was ihm sein Therapeut bestätigte.

Mein Vorbehalt bleibt also im Raum des Herrenwortes: „Ich bin nicht gekommen, zu richten, sondern um zu heilen."

3. Auf wen fällt die Beweislast?

Bislang trägt der Geschiedene oder unschuldig Verlassene die Beweislast, und zwar in einem unglaublichen Übermaß. Nach meinem Vorschlag würde die Beweislast für die Gültigkeit vorwiegend auf das kirchliche Ehegericht fallen. Es dürfte eine Zweitehe nicht blockieren, ohne gute Gründe für die sakramentale Gültigkeit der Erstehe vorzubringen, und zwar mindestens so weit, daß ein eventuelles Eheverbot in keiner Weise den Charakter oder Anschein der Willkürlichkeit hätte.

Aus Erfahrung weiß ich, daß oft einer der Eherichter sich von der Ungültigkeit der Erstehe hat überzeugen lassen, während ein anderer, der mitzuentscheiden hat, sich aufgrund noch nicht ausgeräumter Zweifel einer Annullierung heftig widersetzt. Dann kommt es eben zu keiner Nichtigkeitserklärung. Nicht selten wird eine Ehe nach sorgfältiger Prozedur in erster Instanz als ungültig erklärt; nach geraumer Zeit kommt dann eine Erklärung der zweiten Instanz, daß die Ungültigkeit nicht feststehe, und zwar oft aufgrund des schon deutlich angesprochenen Tutiorismus. In solchen Fällen sollte schon vom Gesetzgeber das Grundrecht auf Ehe und Familie geschützt werden.

Selbstverständlich müßte im Falle einer derartigen Gesetzesänderung Sorge getragen werden, daß die Reform von qualifizierten Kräften verwirklicht wird. Es bedarf einer gründlichen Vorbereitung nicht nur im kanonischen Recht, sondern auch in den Humanwissenschaften und in der Psychotherapie, um den Grundsatz „Das Gesetz ist für den Menschen, nicht aber der Mensch für das Gesetz" ideal zur Geltung zu bringen.

Die Kirche braucht eine qualifizierte Pastoral für die Geschiedenen. Es gilt ja, viele schwärende Wunden zu heilen. Es bedarf weithin ernster therapeutischer Hilfe, auf daß eine etwaige Zweitehe bessere Chancen habe. Ich möchte auch dafür plädieren, daß Zweitehen nicht mit Pomp in der Kirche geschlossen werden, sondern vielmehr mit geziemender Schlichtheit.

Für den organischen Übergang und die Modalitäten einer derartigen Neugewichtung des Rechtes auf Ehe und Familie könnten wir von den Erfahrungen in anderen Teilen der Christenheit lernen. Ich denke zunächst an die aus der Reformation des sechzehnten Jahrhunderts hervorgegangenen Kirchen oder Konfessionen, die ja lange Zeit eine ähnliche Ehepraxis hatten wie unsere Kirche, dann aber andere Wege gesucht haben, das Grundrecht auf Ehe so zur Geltung zu bringen, daß die grundsätzliche Unauflöslichkeit der Ehe nicht geleugnet und dem Trend zur Scheidung nach Kräften widerstanden wird.

Es dürfte jedoch dem Leser klar sein, daß die vorgeschlagene Neuordnung noch durchaus nicht eine echte Anpassung an die Oikonomia-Praxis der Ostkirchen bedeutet. Sie wäre nur eine fällige Modifizierung unserer Kirchendisziplin. Es könnte freilich ein bedeutsamer Schritt in Richtung der Haushalter-Gerechtigkeit *(Oikonomia)* der orthodoxen Kirchen sein, wenn wir den Blick auf die Oikonomia-Spiritualität nicht aus dem Auge verlieren.

VI

Was kann heute – noch vor einer gesetzlichen Neuregelung – schon getan werden?

1. Rückfall in Gesetzlichkeit oder Vorpreschen zur Unzeit?

Nochmals will ich dem verehrten Leser sagen, daß es nicht in meiner Absicht liegt, jemanden zur Rebellion oder einfachen Nicht-Beachtung der gegenwärtigen Disziplin der Kirche einzuladen. Es beschäftigen uns zwei verschiedene, wenngleich aufeinander bezogene Fragen: Erstens, welche Reform der kirchlichen Ausformulierung der Lehre und der Disziplin halten wir für sinnvoll und wünschenswert? Wir sind oben darauf eingegangen. Die zweite Frage, die uns im folgenden beschäftigt, lautet: Wie können wir auf dem Boden der gegenwärtigen kirchlichen Disziplin und Weisung sinnvoll handeln? Die Frage stellt sich den Bischöfen, allen in der Seelsorge und Beratung Tätigen und selbstverständlich auch direkt den Geschiedenen, Verlassenen und Wiederverheirateten.

Ich möchte jedoch den Leser bitten, diesen Teil des Buches erst nach aufmerksamer Lektüre des bisher Gesagten zu lesen. Er soll sich dann selbst ein Urteil bilden, ob aus dem, was hier folgt, der gleiche Geist spricht wie aus den bisherigen Ausführungen, oder ob der Verfasser vielleicht doch wieder in ein allzu gesetzliches Denken zurückfällt. Andere werden sich eher fragen, ob das nun zu Sagende der kirchlichen Lehre und Disziplin gerecht wird. Ich kann nur versichern, daß es meine ehrliche Absicht ist, auf beide Gefahren zu achten, also weder in ein allzu gesetzliches Denken zurückzufallen noch auch gerechte Gesetze zu unterminieren. Mein Anliegen ist es, alle einzuladen, danach zu streben, daß sie mit dem Völkerapostel sagen können: „Denen, die unter dem Gesetz stehen, bin ich, obgleich ich nicht unter dem Gesetz stehe, einer unter dem Gesetz geworden, um die zu gewinnen, die unter dem Gesetz stehen [...], nicht als ein Gesetzloser vor Gott, sondern von innen her an das Gesetz Christi gebunden, um die zu gewinnen, die nicht unter dem Gesetz stehen" (1 Kor 9,20-21).

Dabei denke ich auch daran, mitzuhelfen, daß die Kirche jene Teile der Christenheit (orthodoxe Kirchen, reformierte Kirchen) für die Wiedervereinigung gewinnen kann, die keinen Zugang zu unserer bisherigen Ehegesetzgebung und Praxis haben. Ich denke aber auch an die Evangelisierung jener Teile der Menschheit, die von ihrer ganz anderen Kultur und Ehestruktur her kaum Zugang zu unserer westlichen Disziplin und Praxis in diesen Fragen haben. Eben darum bitte ich den wohlwollenden Leser, mein vorsichtiges Bemühen und meine Ratschläge an dem soeben zitierten Apostelwort zu messen und ebenso an dem paulinischen Anliegen, das im gleichen Korintherbrief im Zusammenhang mit der Disziplin in Ehefragen ausgesprochen ist: „Zu einem Leben in Frieden hat Gott euch berufen" (1 Kor 7,15).

2. *Was wir auf alle Fälle tun oder unterlassen sollten*

Alle sollen spüren, daß es uns sehr ernst um den Grundwert Treue im ganzen christlichen Leben und insbesondere im Ehebund geht. Wir werden nie vergessen, daß Christus den neuen und ewigen Bund mit seinem Blute besiegelt hat. Seine erbarmende Liebe am Kreuz hat uns versöhnt und ist für uns von innen drängende Einladung, ihm immer treuer zu dienen, sein Evangelium stets besser zu kennen und in die Tat umzusetzen, gerade auch im Verzeihen und in der Bereitschaft zu vergeben, da wir ja alle aus der göttlichen Vergebung leben. Die Ehe als Heilssakrament für die Gatten und Heilszeichen für ihre Kinder und Umwelt ist der Opfer wert, sie durchzuhalten und, wenn sie brüchig geworden ist, wieder zu heilen.

Die Geschiedenen und Verlassenen sollen nach Kräften danach streben, auch nach solch erschütternden Erlebnissen an die treue Liebe Gottes zu glauben und dafür Zeugnis abzulegen. Sie sollen und können nicht selten anderen Eheleuten, die in einer Krise stehen, aus ihrer eigenen Erfahrung heraus helfen, die Krise sinnvoll zu lösen und, wenn immer möglich, durchzuhalten in der ehelichen Gemeinschaft und dafür eventuell auch bei erfahrenen Seelsorgern, Eheberatern und/oder Psychotherapeuten Hilfe zu suchen.

Wie Statistiken zeigen, bekennt ein erheblicher Bruchteil der Geschiedenen offen, daß ihre Ehe hätte gerettet werden können. Dies zu bekennen ist ein Akt der Demut und eine kostbare Ermutigung für andere. In Zusammenarbeit mit Geschiedenen, die durch all die harten Erfahrungen zu tiefer Besinnung und hoher Reife gelangt sind und sich eventuell auch in solidarischen Selbsthilfegruppen vereinen, werden Seelsorger oft am besten den Weg zu Eheleuten in Krise finden und sie wirksam beraten und ermutigen können.

Wir werden mit vereinten Kräften jenem Trend entgegenwirken, der Ehescheidung und Wiederverheiratung als etwas Normales darstellen möchte. In unserem Eifer werden wir uns jedoch sorgfältig hüten, Eheleute in Krise mit einem harten „Du sollst" zu überfallen; wir werden auch nicht fertige Antworten herausholen, noch bevor wir feinfühlig auf die Menschen hingehört haben. Wir sollen sie ermuntern, sich selbst auszusprechen, ihren Gefühlen Ausdruck zu geben, offen ihre eigenen Überlegungen darzulegen.

3. Psychotherapeutisches Versöhnungsbemühen

Solange wir Grund haben, zu hoffen, daß eine Ehe geheilt und gefestigt werden kann, werden wir diese unsere Hoffnung, wenn auch umsichtig, aussprechen und zum Hoffen ermuntern. Da viele Eheleute in Krise durch andere zu mir geschickt wurden, habe ich allmählich eine Art von Methode entwickelt, die ich dem Leser hier mitteilen will:

Zunächst empfange ich die beiden Gatten gesondert und lasse jeden ungestört erzählen. Ich werde dabei, zunächst sehr vorsichtig, Anregungen geben, mir auch das Gute zu erzählen, das der Gatte früher und zum Teil auch heute noch zeigt. Es steht schon dabei ein Bemühen im Hintergrund, das Gedächtnis zu heilen. Ich achte sorgfältig darauf, wer von den beiden noch am ehesten ein gesundes Gedächtnis hat und sich gern an das Gute erinnert.

Dann bitte ich beide zu einem gemeinsamen Gespräch. Ich beginne mit einem der Situation angepaßten Gebet und lade beide Gatten zu einem schweigenden oder auch offen ausgesprochenen Gebet ein. Dann wende ich mich an denjenigen, der am ehesten hoffnungweckende Zeichen oder wenigstens Spuren eines dankbaren Gedächtnisses hat, und bitte ihn/sie etwa so: „Frau Maria, darf ich Sie nun bitten, mir in Gegenwart Gottes und Ihres Gatten all das Gute von ihm zu erzählen, dessen Sie sich noch erinnern?“ Während sie (er) erzählt, spricht das Gesicht des anderen oft eine ergreifende Sprache, ein Staunen, ein Lichtschein, vielleicht (nicht selten!) eine erste Antwort: „Aber Maria, warum hast du mir das nicht schon früher einmal so schön gesagt?“

Falls es dem zuerst Sprechenden, den ich vorher dafür eigens vorbereitet habe, gelingt, tatsächlich nur vom Guten im anderen zu sprechen, danke ich Gott ausdrücklich für dieses dankbare Gedächtnis, und dann wende ich mich an den anderen Gatten:

„Nun bitte ich Sie, Herr Martin, auch Ihrerseits von dem vielen Guten zu reden, das Sie über Ihre Gattin im Gedächtnis haben.“

Gelingt es auch dem zweiten Gatten, sich sinnvoll an das Gute zu erinnern, das sie gemeinsam gelegt und erlebt haben, dann beten wir, und ich lasse durch eine Stille beiden etwas Zeit, dieses oft unerwartete Erlebnis zu verarbeiten.

Dann folgt, wenn die Situation reif ist, ein neuer Schritt. Ich sage etwa: „Sie brauchen jetzt kein Bekenntnis der Schuld abzulegen. Denn davon habe ich doch wohl schon genug gehört. Es geht jetzt um einen neuen mutigen Schritt: weg vom Anklagen und Klagen über den anderen hin zur Annahme des eigenen Schattens, des eigenen Versagens.“ Dann beten wir gemeinsam zu Gott um Verzeihung und Heilung. Wenn die Gatten es wollen, gebe ich auch die Absolution.

Je eindeutiger man darauf verzichtet, den Betroffenen ein Resultat zu diktieren, und je deutlicher sie spüren, daß man mit ihnen demütig nach dem Willen Gottes sucht, um so größer wird die Chance sein, zu einer Versöhnung und Heilung beitragen zu können.

Das gleiche gilt zweifellos auch dann, wenn die Scheidung oder das Verlassensein eines Gatten vollzogene Tatsache ist und die Beratung darüber geht, ob man als Alleinstehende(r) Zeugnis ablegen soll für die unauflösliche, gültige Ehe oder aber an eine Wiederverheiratung denkt. Dabei kann sich das psychotherapeutische Gespräch nicht einseitig um die Frage drehen, ob die Erstehe gültig oder ungültig war. Man muß vor allem hinhören, was uns die Betroffenen über ihre eigenen Gefühle, Ängste, Erwartungen und Hoffnungen sagen, auch darauf, wie sehr sie geneigt sind, an die kirchliche Lehre und derzeitige Disziplin zu „glauben“.

Man wird gut tun, nicht vordergründig auf das Verbot einer Wiederverheiratung loszusteuern. Es gilt, an der Trauerarbeit der Betroffenen Anteil zu nehmen, Motive für das Verzeihen anzubieten, zu helfen, die Neigung zu einseitiger Schuldzuweisung an die Adresse des anderen zu überwinden, sich friedlich über ökonomische Interessen und Verpflichtungen zu einigen, realistisch an das Wohl der Kinder zu denken. Haben sich diesbezüglich die dunkelsten Wolken verzogen, wird auch das Gespräch über die eventuelle Absicht einer Wiederverheiratung fruchtbar werden können.

Auf alle Fälle sollen die Geschiedenen, ob sie nun (noch) alleinstehend oder zivil wiederverheiratet sind, klar spüren, daß sie von der Kirche nicht als eine Art Aussätzige ausgegrenzt werden. Sie sollen erfahren, daß wir ihr Gewissen achten und daß unsere Hilfe vor allem darauf zielt, daß sie selbst aus einem wachen Gewissen heraus ihren Weg suchen und gehen.

4. Wie weit dürfen wir zur Epikie ermuntern, wie weit sie dulden?

In den letzten Jahrzehnten haben Moraltheologen und pastorale Praxis die menschlich-christliche Tugend der Epikie wieder neu entdeckt oder ihr wenigstens mehr Raum zugestanden. Epikie ist eine vornehme Dimension der Tugend der Klugheit bei Entscheidungen in Wert-, Gesetzes- und Pflichtenkollisionen. Sie ist ein wesentlicher Pfeiler einer Verantwortungsethik und einer Erziehung zu christlicher und menschlicher Mündigkeit. Der hl. Alfons von Liguori, Patron der Moraltheologen, lehrt unzweideutig: „Epikie bedeutet Ausnahme eines Falles, wenn in der Situation mit Sicherheit oder wenigstens mit hoher Wahrscheinlichkeit beurteilt werden kann, daß der Gesetzgeber nicht beabsichtigte, ihn unter das Gesetz zu beugen. Diese Epikie hat ihre Anwendung nicht nur im Bereich menschlicher Gesetze, sondern auch bei natürlichen Sittengesetzen, wenn wegen der Umstände der Handlung keine Bosheit anhaftet" (Theologia moralis, liber I, n. 201). Keineswegs darf die Epikie als eine Art Drückebergerei angesichts großer Herausforderungen verdächtigt oder mißdeutet werden, obwohl sie auch (!) dort einen Anwendungsbereich hat, wo jemand der Überzeugung ist, daß ihm vom Gesetz oder von der Obrigkeit eine ungebührlich schwere Last zugemutet wird.

Die Tugend der Epikie dient auch dem „Gesetz" und dem Gesetzgeber. Nach Aristoteles ist sie zunächst eine Tugend des Gesetzgebers und der Obrigkeit, eine Tugend, kraft deren diese angesichts gesetzlicher Ordnung für den Fall, daß ein Gesetz oder eine Anordnung unbillig hart oder gar schädlich wären, würden sie wörtlich (ohne die Tugend der Epikie vorauszusetzen) befolgt, der Epikie Raum zu geben bereit sind: Der Gesetzgeber will nicht außergewöhnliche Situationen unter den Buchstaben seines Gesetzes beugen. Und es gehört zum gesunden Verhältnis gegenüber Gesetz und Obrigkeit, daß der „Untertan" an die Tugend der Epikie im Gesetzgeber glaubt und sich auf alle Fälle die sinnvolle Anwendung der Epikie erlaubt, ohne dabei Angst zu haben, ein Gesetzesbrecher zu sein.

Es gibt einige höchst urtümliche Sittennormen, die absolut gelten, wie z.B. die goldene Regel: „Tue gegen deinen Nächsten nichts, was du nicht willst, daß man es gegen dich tue!"

Es kann sich unheilvoll für beziehungsweise gegen gesunde Beziehungen zu Gesetz und Autorität auswirken, wenn staatliche Behörden eine wörtliche Gesetzesbeobachtung auch in offensichtlichen Härtefällen einfordern. Ebenso und noch mehr entstehen ungesunde Spannungen in der Kirche, wenn man mit Berufung auf das göttlich anvertraute Lehramt eine Unzahl zweitrangiger oder abgeleiteter sittlicher Normen als ausnahmslos gültig, für keine Anwendung von Epikie offen erklärt und dabei ein unkritisches Vertrauen zum Lehramt scharf einfordert, als ob es in Vergangenheit und Gegenwart nie geirrt und nie zu schwere Lasten aufgebürdet hätte.

Die Abneigung gegen Epikie erklärt sich teilweise durch eine Erfahrung, die feststellt oder glaubt, feststellen zu müssen, daß Willkür und/oder Egoismus sich den Tugendmantel der Epikie umhängen. Sie herrscht aber überall dort, wo Zentralismus oder autoritäre Herrschaftsformen dazu beigetragen haben, Einheit mit erzwungener Gleichförmigkeit zu verwechseln.

Die stärkere Beachtung der Epikie hängt in der Kirche von heute auch mit dem wachsenden Geist des Ökumenismus zusammen. Aus besserer Kenntnis der Geschichte und im Geiste des Ökumenismus entdeckt man auf manchen Gebieten nicht nur der Dogmatik, sondern auch der Moral, daß wir Katholiken von den anderen Teilen der Christenheit etwas, ja vieles lernen können. Ökumenismus gedeiht nicht, wenn man nicht lernbereit ist und nicht ehrlich zugibt, daß manche Formulierungen von Lehrsätzen und sittlichen Normen kulturell und sonstwie geschichtlich bedingt sind und sich infolge von Selbstgerechtigkeit verhärten konnten.

Epikie braucht man nicht angesichts des in das Herz des Menschen eingeschriebenen Gesetzes der Liebe und Gerechtigkeit; denn dieses verlangt immer das mutige Tun der Liebe gemäß dem Gewissen. Dagegen bedürfen die sekundären, abgeleiteten Normen des natürlichen Sittengesetzes, die der Ertrag gemeinsamer Erfahrung und Überlegung sind, durchaus der Epikie. Dies gilt natürlich noch viel mehr, wenn es zu einer Norm kam ohne den bestmöglichen

Austausch an Erfahrung und Überlegung. Je detaillierter und zahlreicher solche Normen sind, um so häufiger kommt es zu einem nur mit Epikie lösbaren Normenkonflikt.

Alfons von Liguori zog auch heute noch aktuelle Folgerungen aufgrund seiner Auffassung der Epikie. So lehrt er z.B. mit allen anderen Moralisten seiner Zeit, daß der abgebrochene eheliche Verkehr gegen die Norm des Zielsinnes der Fruchtbarkeit verstoße, fügt aber bei: „Es ist sittlich statthaft, den ehelichen Verkehr abzubrechen, falls ein proportionierter Grund *(justa causa)* vorliegt" (Theologia moralis, liber VI, n. 947). Ebenso ließ er Epikie gelten gegenüber dem Zinsverbot der Kirche, was ihm viele Beschimpfungen durch die Tutioristen und Rigoristen einbrachte, und in vielen anderen auch heute noch brennenden Fragen.

Wir haben im vorausgehenden gesehen, daß in den orthodoxen Kirchen seit ältester Zeit in Ehefragen die natürliche Tugend der Epikie umfangen war von der Oikonomia-Spiritualität, vom Lobpreis auf den allbarmherzigen „Haushalter". Von dieser Spiritualität haben wir viel zu lernen, und sie soll und kann uns auch vor falscher Anwendung der Epikie bewahren. Ich möchte jedoch hier die Epikie nicht einfach ausdehnen auf die Oikonomia-Praxis der Ostkirchen. Ausgangspunkt ist zunächst unsere viel eingeschränktere westliche Epikie-Auffassung, wobei ich jedoch der weitherzigeren Auslegung in unserer Kirche, wie z.B. der des hl. Alfons, folge.

5. Epikie angesichts der Annullierungspraxis

Ausgangspunkt unserer „Kasuistik" in bezug auf Epikie ist *der* Fall, in dem die Betroffenen und auch der Seelsorger zu einem klaren Urteil („mit hoher Wahrscheinlichkeit", wie Alfons verlangt) kommen, daß die Erstehe nach gesunder Lehre und gesunder Berücksichtigung der kirchlichen Disziplin ungültig war. Die Frage der Epikie stellt sich dann vor allem, wenn eine Ungültigkeitserklärung nur wegen Nicht-Vorliegens aller Beweise verweigert wurde, während die Betroffenen und nach hinreichender Überlegung auch der Seelsorger überzeugt sind, daß die Erstehe von vorneherein ungültig war. Kraft der Tugend der Epikie sind die Betroffenen dann auch grundsätzlich berechtigt, eine Zweitehe einzugehen. Und m.E. kann der Seelsorger dann auch in aller Stille eine Trauung vornehmen.

Soll er sie ins Traubuch eintragen oder sie ausschließlich dem *forum internum* (dem inneren Forum) zuschreiben? In Fällen, in denen sich der Ortsbischof auf die Anwendung der Epikie nicht einlassen will und auch nicht gesonnen ist, sie zu dulden, gibt es wohl drei Möglichkeiten. Erstens, der Ortsseelsorger nimmt ein gewisses Maß an Risiko auf sich, in der Bereitschaft, sowohl Rechenschaft abzulegen als auch unangenehme Folgen christlich zu tragen. Die zweite Möglichkeit ist: Er informiert die Partner, die heiraten wollen, daß sie in dieser Situation zur kanonischen Notform der Trauung, nämlich vor zwei Zeugen, schreiten können, weil einfach kein bevollmächtigter Priester zur Verfügung steht.[6] Eine dritte Alternative ist, daß nach Beratung mit dem Seelsorger und Beichtvater die Partner ihre Zivilehe als ersatzweise Notform der Trauung beim Nicht-zur-Verfügung-Stehen eines bevollmächtigten Priesters ansehen und einfach darauf vertrauen, daß sie mit der Gnade Gottes die Zweitehe so leben können, daß sie dem christlichen Eheideal möglichst vollkommen nahe kommt.

Mit nicht wenigen anderen bin ich auch der Meinung, daß eines dieser drei Modelle, je nach Umständen, zur Anwendung kommen kann, wenn sich die Entscheidung des Ehegerichtes über Jahre hinzieht, schon hingezogen hat oder aller Wahrscheinlichkeit hinziehen wird, wiederum vorausgesetzt, daß die Betroffenen von der Ungültigkeit ihrer Erstehe überzeugt sind („mit hoher Wahrscheinlichkeit"). Wenn das kirchliche Amt nun einmal der Auffassung ist, die Wiederverheiratung von Geschiedenen, die der Überzeugung sind, daß die Erstehe von Anfang an ungültig war, von Rechts wegen überprüfen zu müssen, so ist es aus Gerechtigkeit verpflichtet, dabei den Betroffenen keine allzu schweren Lasten aufzuerlegen. Mir sind Fälle bekannt, in denen eine unschuldig geschiedene Frau, deren erster Mann den Kindersegen kategorisch ausgeschlossen hat, jahrelang auf die Annullierung ihrer ersten Ehe durch das kirchliche Ehegericht warten mußte, bis sie schließlich über die Jahre, in denen sie auf ein Kind hoffen konnte, hinaus war. Hier zeigen sich doch ganz schwerwiegende Gründe sowohl für die Anwendung der Epikie wie auch für die Pflicht, in Zukunft niemanden vor diese schwere Entscheidung zu stellen: weiter warten oder den Fall durch Epikie lösen zu müssen.

Es dürfte dem Leser wohl deutlich geworden sein, daß Lösungen aufgrund von Epikie nicht Lösungen in der absolut einsamen und verborgenen Gewissensentscheidung sind. Sie sind normalerweise die Frucht sorgsamer Beratungen, auch mit dem Seelsorger, und werden vielfach auch durch Eintragungen in kirchliche Akten spürbar ins äußere Forum hineinreichen.

Im folgenden geht es um Gewissensentscheidungen, die soweit als möglich vor das *forum internum*, das innere Forum der kirchlichen sakramentalen Praxis kommen, aber den äußeren Rechtsbereich zunächst nicht erreichen. Diese Unterscheidung ist wichtig.

6. Lösungen im „inneren Forum"

Sehr viele Fälle, die bis zum zwölften Jahrhundert in der römisch-katholischen Kirche, wie immer noch in allen orthodoxen Kirchen des Ostens, im äußeren Rechtsbereich bereinigt wurden, lassen sich heute in unserer Kirche, solange wir uns loyal auf den Boden der gegenwärtigen kirchlichen Disziplin stellen, nicht einmal durch Epikie lösen, wenigstens sofern diese auch den äußeren Rechtsbereich einbezieht.

Im folgenden geht es uns ausschließlich um Ehen, in denen es weder eine kirchliche Nichtigkeitserklärung noch eine Dispens gibt (wie bei geschlechtlich nicht vollzogenen Ehen oder bei geschlechtlich vollzogenen Ehen im Falle des paulinischen und petrinischen Privilegs). In mancher Hinsicht ist die „internum-forum"-Lösung der Oikonomia-Lösung der Ostkirchen ähnlich, doch mit zwei bedeutsamen Einschränkungen: Bei den Ostkirchen ist das „äußere Forum" (die Klarstellung im öffentlich-kirchlichen Rechtsbereich) miteingeschlossen, und zudem ist ihr Anwendungsbereich sehr viel weiter.

Dagegen beschränken sich in unserer Kirche die Lösungsversuche im „inneren Forum" auf den vom Geheimnis der Schweigepflicht geschützten sakramentalen Bereich. Dieser ist jedoch auch ein kirchlicher Bereich von hoher Würde. Insofern übersteigen die Lösungen im inneren Bereich bloße Gewissensentscheidungen, die der einzelne oder ein Paar vor Gott treffen.[7]

Ich denke zunächst an jene ans Herz rührenden Fälle, in denen es sich um *unschuldig* Geschiedene und wider Willen Verlassene handelt, bin mir aber bewußt, daß es eine ganze gleitende Skala von Übergängen gibt, mit mehr oder weniger eigenem Versagen oder gar auch Schuld. Ich denke vor allem an jene Wiederverheirateten (nach einer Scheidung oder Trennung), die entgegen der Disziplin der Kirche mit schwerem Herzen wieder geheiratet haben, weil sie es der Erziehung von Kleinkindern zu schulden glaubten oder sich aus gar vielen Gründen einfach nicht in der Lage sahen, das Leben als Alleinstehende zu meistern. Zudem beschränke ich meine Vorschläge auf Situationen, in denen es völlig ausgeschlossen ist, die Erstehe wieder zum Leben zu erwecken.

Zu uns Seelsorgern und Beichtvätern kommen diese Menschen oft nach Jahren und nicht selten nach einer menschlich gelungenen Zweitehe, die aufzulösen für sie gar nicht in Frage kommt. In vielen Fällen, mit denen ich zu tun hatte, war die Zweitehe für einen oder für beide Partner ein Weg zurück zum Glauben oder zu einer ersten Glaubensbekehrung. Bei den einen dauerte das Schuldbewußtsein, eine ungültige (wenigstens in den Augen der Kirche ungültige) Ehe geschlossen zu haben, an; andere kamen nach einer Zeit der Gewissensbisse oder doch der Gewissensunruhe von sich aus oder im Gespräch mit hochgeschätzten Beratern zur Überzeugung, mehr oder weniger recht gehandelt zu haben, und meinen, „daß Gott die Zweitehe gesegnet habe“, so daß sie demnach keine Gewissensqual mehr erlitten. Im Gewissensbereich sind also manche schon ganz mit sich ins reine gekommen, wenn sie einen Beichtvater oder Seelsorger aufsuchen. Jetzt geht es fast allen darum, die Sakramente der Versöhnung und der Eucharistie zu empfangen. Dies dürfte meistens (soweit meine Erfahrung reicht) ein sehr tief gespürtes und echtes Verlangen sein. Es ist jedoch auch nicht auszuschließen, daß es nur (wenigstens zunächst, wenn nicht zusätzliche Ermunterung dazukommt) anläßlich der Erstkommunion eines der Kinder aufflackert. Aber auch dies soll nicht einfach abgewertet werden. Man bedenke, was es bedeutet, daß Eltern, die sich von den Sakramenten ausgeschlossen fühlen, ihre Kinder katholisch erzogen und daß ihnen die Erstkommunion eines Kindes viel bedeutet.

In nicht wenigen Fällen wäre die Frage, ob eine Rückkehr zum ersten Gatten erwogen werde oder möglich wäre, fehl am Platz. Sie könnte nicht nur als unnötig angesehen werden, sondern auch als verletzende Zumutung. Dagegen wird die Frage, wie sich das Verhältnis zum ersten Gatten gestaltet hat, ob eine Versöhnung und Heilung der Wunden stattgefunden haben, meistens von den Betroffenen von selbst angerührt. Darüber sinnvoll und einfühlend zu sprechen wird oft Teil der therapeutischen Funktion des Sakramentes der Versöhnung und des Friedens. Die sakramentale befreiende Erfahrung eines verzeihenden Gottes und einer barmherzigen Kirche wird leicht zu einem neuen, starken Motiv, Unrecht zu vergeben und auch stufenweise bereit zu werden, die Wunden des anderen zu heilen, soweit das nötig und möglich ist.

7. Wie hoch müssen die Anforderungen für die Absolution sein?

In der vorkonziliaren Praxis konnten Priester, die in Übertretung des Zölibatsgesetzes und ihrer Versprechen geheiratet hatten, nur dann absolviert werden, wenn sie mit der Mutter ihrer Kinder (der zivil angetrauten Frau) auf alle ehelichen Akte wirksam verzichteten, also „wie Bruder und Schwester" zusammenlebten. Ich hatte es selbst mit etlichen Fällen von reumütigen Priestern zu tun, wo dies nach einigem Ringen gelang, weil die Frau mitwirkte. Man hat dann in rigoristischen Kreisen diese Formel auf die geschiedenen Wiederverheirateten ausgedehnt, die sich sehr nach den Sakramenten sehnten, aber aus menschlicher und christlicher Verantwortung die Zweitehe nicht auflösen konnten und auch nicht wollten. Eheberater, Psychotherapeuten und Seelsorger liefen dagegen Sturm und sprachen vom Aufbinden unmöglicher Lasten. Nach schlechten Erfahrungen mit diesem Vorschlag kam er auch unter Mitwirkung der Moraltheologen praktisch in Vergessenheit, wenigstens in unseren Landen. Nach dem Konzil kam es zu Spannungen in vielen Teilkirchen wegen einer sehr ungleichen seelsorgerlichen Praxis. Man spürte die Tendenz, die schlecht funktionierenden kirchlichen Ehegerichte zu umgehen. Deshalb nahm die Glaubenskongregation in einer an alle Bischöfe gerichteten Weisung Stellung und gab Richtlinien (im April 1973). Uns interessiert hier vor allem das über die „Innere-Forum"-Lösung Gesagte:

„Bei der Frage der Zulassung zu den Sakramenten sind die Ortsbischöfe einerseits aufgefordert, die allgemein gültige Disziplin zu überwachen und andererseits sorgfältig diejenigen auszusuchen, die in einer irregulären Verbindung leben, und zur Lösung solcher Fälle, neben den anderen rechtlichen Mitteln, die bewährte kirchliche Praxis des inneren Forums in Anwendung zu bringen."

Sofort entspann sich eine Diskussion, ob „die bewährte kirchliche Praxis" die „Bruder-und-Schwester"-Formel meinte oder nicht. Die US-Bischöfe fragten darum bei der Glaubenskongregation an. Es ist bezeichnend und für mich ermutigend, daß sich die Glaubenskongregation nicht auf jene Formel und Bedingung einlassen wollte. In einem Brief vom 21. 3. 1975 an Kardinal Bernardin antwortete die Glaubenskongregation:

„Ich möchte feststellen, daß dieser Ausdruck im Zusammenhang der traditionellen Moraltheologie zu verstehen ist. Solchen Paaren kann der Empfang der Sakramente unter zwei Bedingungen gewährt werden, nämlich, daß sie sich bemühen, entsprechend den Anforderungen der christlichen Morallehre zu leben und daß sie die Sakramente in einer Kirche empfangen, in der man sie nicht kennt" (zitiert nach B. Brunsmann, a.a.O., 165).

Es ist beachtenswert, daß auch auf diese Nachfrage hin von einer Spezifizierung auf ein „Bruder-Schwester-Verhältnis" nicht die Rede ist. Offenbar wollte man sich angesichts der Meinung vieler Moraltheologen und Therapeuten nicht darauf festlegen. Die gleiche Tendenz herrschte auch eindeutig auf der römischen Bischofssynode über die Familie 1980 vor, wurde jedoch bei der Schlußansprache durch den Papst schon restriktiver ausgedeutet, was dann noch deutlicher geschah in dem anschließenden Apostolischen Schreiben „Familiaris consortio“: Zulassung zu den Sakramenten nur, „wenn Mann und Frau sich zwar nicht trennen können, sich aber verpflichten, völlig enthaltsam zu leben, d.h. sich der Akte enthalten, welche Eheleuten vorbehalten sind, und wenn die Gefahr des Anstoßes nicht gegeben ist“ (Nr. 84).

Was die Gefahr des Anstoßes betrifft, muß man auf die jeweiligen Verhältnisse Rücksicht nehmen. In Deutschland, Österreich und in der Schweiz liegt die Situation so, daß der weitaus größte Teil der praktizierenden Gläubigen eher Anstoß nimmt, wenn schuldlos Geschiedene, falls sie wiederverheiratet sind, von den Sakramenten ausgeschlossen werden. So ergab z.B. eine Umfrage bei mehr als 6000 Lesern der katholischen Zeitschrift „Weltbild“ folgendes Bild: Auf die präzise Frage: „Sollte jemand, der schuldlos geschieden und wieder verheiratet ist, zu den Sakramenten zugelassen werden?“ antworteten 88,6 % mit Ja, nur 11,4 % mit Nein.

Angesichts dieser Überzeugung des gläubigen Volkes hierzulande und der ebenso unleugbaren Unwirksamkeit bei Menschen von heute durch harte Maßnahmen gegen Unschuldige die Festigkeit der Ehen zu fördern, müßte der Passus über die Gefahr des Anstoßes anders ausfallen.

Der Ausschluß von unschuldig Geschiedenen, die

in einer menschlich guten Zweitehe leben, von den Sakramenten der Kirche wird heutzutage kaum etwas dazu beitragen, die Treue zum unauflöslichen Band der Ehe zu stärken und/oder Christen in der Versuchung zu stärken. Der Ausschluß von Christen, die in der gegebenen Situation ehrlich den Willen Gottes suchen und nach Kräften erfüllen, macht die Kirche weniger anziehend und vermindert ihre Strahlkraft als Sakrament der Barmherzigkeit Gottes. Eine so harte Praxis stellt uns alle vor die Frage, ob wir Grund haben, uns für gerechter zu halten als diese schuldlos Geschiedenen, die in einer Zweitehe leben, die zu zerstören nicht Gottes Wille sein kann oder jedenfalls von den Betroffenen nicht als Gottes Wille angesehen wird und psychologisch auch nicht angesehen werden sollte.

Wollen wir die nun einmal bestehende Zweitehe, die nach der Überzeugung der orthodoxen und protestantischen Kirche als Heilszeichen eines allbarmherzigen „Haushalters“ angesehen wird und tatsächlich viel zum Frieden beiträgt und vor schweren Schädigungen bewahrt, nicht zerstören, so müssen wir in diesem Zusammenhang eine Aussage des Zweiten Vatikanischen Konzils nicht weniger ernst nehmen als das Wort des Papstes Johannes Paul II. in seinem Apostolischen Schreiben. Das Konzil sagt in der Pastoralkonstitution „Kirche in der Welt von heute“ im Kapitel über Ehe und Familie (Nr. 51): „Wo das intime eheliche Leben unterlassen wird, kann nicht selten die Treue als Ehegut in Gefahr geraten und das Kind als Ehegut in Mitleidenschaft gezogen werden; denn dann werden die Erziehung der Kinder und auch die tapfere Bereitschaft zu weiteren Kindern gefährdet.“

Wie immer man zur restriktiven Ausdeutung der traditionellen „Inneren-Forum"-Lösung stehen mag, in der Anwendung darf man bewährte moraltheologische und pastorale Prinzipien nicht übersehen. Ich verweise hier vor allem auf die oft wiederholte und dringende Mahnung des hl. Alfons, man dürfe gewisse Forderungen in der Beichte nicht stellen, wenn vorauszusehen ist, daß dadurch das Gewissen nicht erleuchtet, sondern eher verwirrt wird und eine Gefahr besteht, aus der „materiellen" Sünde werde es zu formellen Sünden kommen.

Es gibt m. E. immer noch fromme Christen unter den geschiedenen Wiederverheirateten, die überzeugt sind, daß die Norm des Papstes, so hart sie auch scheinen mag, zu Recht bestehe. In solchen Fällen gilt es wiederum, ihr Gewissen zu respektieren, statt es nutzlos zu verwirren. Man kann und soll ihnen Mut machen und sie absolvieren, auch wenn sie aller Wahrscheinlichkeit nach bei all ihrem guten Willen immer wieder hinter dieser Norm zurückbleiben; denn auch hier gilt das allgemeine Prinzip, daß der gute Wille genügt. Wir alle versagen allzuoft sogar in Dingen, deren treue Erfüllung sicher Gottes Wille ist und uns doch leichter fallen sollte als die totale Enthaltsamkeit zwischen sich liebenden Gatten.

8. Versöhnung nach ärgerniserregender Ehezerstörung

Bei fast allen Ehescheidungen gibt es ein unentwirrbares Gemisch von schuldlosem Versagen, schuldhaftem Versagen und schicksalhafter Tragik. Dazu kommt unser aller Versagen, das für viele Familien und Ehen in Krise als „Umweltbelastung" nicht wenig ins Gewicht fallen mag. Dieses Gemisch und Ineinander darf jedoch nicht den Blick trüben für die Tatsache, daß oft vom einen Partner die endgültige Zerstörung der Ehe einfachhin erlitten wird trotz hohem Einsatz von Vergebungsbereitschaft und bei erstaunlicher Leidensfähigkeit. Es gibt jene große Gruppe, von der wir etwas vereinfachend sagen können und müssen: „schuldlos geschieden". Am anderen Extrem des Spektrums stehen frivoler Einbruch in die Ehen anderer, äußerst ärgerniserregende Zerstörung der eigenen Ehe und der Ehen anderer, oft mit Zweit-, Drittehen, mit dem zum Ehebruch verführten, schuldhaft seinem Gatten entfremdeten Partner der Untreue. Zwar wissen wir, daß wir nie ins Innerste des Nächsten schauen können, aber es gibt doch Handlungsweisen, die das Vertrauen tief erschüttern und der Gemeinschaft großen Schaden zufügen, vor allem auch der kirchlichen Gemeinschaft. Das Ärgernis liegt vielfach schon einfach in der Zerstörung einer vorher gesunden Ehe oder doch einer Ehe, die auf dem Weg der Gesundung war.

Es gibt trotz aller Vorsicht – angesichts des Herrenwortes „Richtet nicht!" – Kriterien zu einer Unterscheidung zwischen schuldloser Scheidung und schuldhafter, ja sogar schwer ärgerniserregender Zerrüttung oder Zerstörung von Ehen. Das Ärgernis wird verstärkt, wenn dann auf die Scheidung sehr rasch nicht nur ein Zusammenleben, sondern eine förmliche (zivile) Trauung mit dem Partner der Sünde (Sünde nicht nur in Einzelakten, sondern im Gesamt der Ehezerstörung) folgt.

Auch die Oikonomia-Praxis der Ostkirchen hat hierin klare Kriterien erarbeitet. Dem schuldhaft Geschiedenen wurden im Schnitt ungefähr fünf Jahre der Buße und auch des Ausschlusses von den Sakramenten auferlegt, natürlich je nach dem feststellbaren Maß des Ärgernisses. Auch dann stellte sich immer noch die Frage, ob von dem schuldhaft und ärgerniserregend Geschiedenen eine Trennung von dem Mitträger der Sünde verlangt werden soll oder muß. In diesem Zusammenhang habe ich immer wieder gestaunt, daß der so mutige Prophet Natan nach dem Ehebruch und dem Mord am Gatten der Batseba dem David gegenüber offenbar ein weiteres eheähnliches Zusammenleben toleriert hat.

Nach diesen Vorüberlegungen nun meine nach mehr Licht suchende Meinung über die Versöhnung nach ärgerniserregender und schwer schuldhafter Ehescheidung gefolgt von einer ärgerniserregenden zivilen Zweitehe. Ich meine, daß deutliche Zeichen der Buße getan werden müssen:

1) Wo immer möglich, denke ich an die Forderung, die sündhafte Verbindung wenigstens in jenem Fall aufzugeben, in dem der frühere Ehepartner bereit und fähig ist, dem untreuen Gatten zu verzeihen und das eheliche Leben mit ihm in heilender Liebe wieder aufzunehmen. Dies ist jedoch, leider, oft nicht möglich.

2) Unrecht am schuldlos Geschiedenen muß nach Kräften gutgemacht werden. Es muß geduldig um sein Verzeihen gerungen, die eigene Schuld eingestanden werden. Eventuell gilt es, Mittler im Werk der menschlichen Wiederversöhnung einzuschalten. Selbstverständlich muß auch materielles Unrecht gutgemacht, für die Kinder aus erster Ehe mitgesorgt werden. Hat man die Kinder auf Unrechtswegen dem schuldlos geschiedenen oder verlassenen Gatten entfremdet und weggenommen, so sind sie dem

schuldlosen Gatten wieder zuzuführen, soweit dies menschenmöglich und für die Kinder das Bessere ist.

3) Der Ärgernis gebende, untreue Gatte muß durch eine gewisse Zeit offenbar machen, daß er ehrlich zur Glaubenspraxis zurückkehren will.

Sind all diese wesentlichen Bedingungen nach Möglichkeit erfüllt, so muß es doch auch den Weg der sakramentalen Versöhnung geben, auch wenn ein Aufgeben der sündhaft begonnenen Zweitehe menschenunmöglich ist. Man muß auch dem Büßer helfen, seine eigene Gewissensentscheidung zu treffen. Auch ihm gegenüber bedarf es der psychotherapeutischen Annäherung. Ich meine, daß es unter all diesen Voraussetzungen in Einzelfällen – nicht als Routine! – eine Lösung im inneren Forum geben kann und soll. Aber in diesen Fällen ist auch heutzutage noch, trotz aller Bewußtseinsveränderung innerhalb der Kirche, sehr große Vorsicht geboten, bevor man an eine Zulassung zu den Sakramenten in der Pfarrgemeinde denkt, in der das Andenken an das Ärgernis noch sehr lebendig ist. Ich habe selbst von schuldlos Geschiedenen und Verlassenen und ihren Angehörigen gehört, wie schockiert sie waren, als sie den Zerstörer einer vorher gesunden Ehe zu den Sakramenten gehen sahen. Eine solche Verletzung von starken Gefühlen sollte nicht stattfinden. Hat eine menschliche Versöhnung oder doch der ernste Versuch dazu stattgefunden, dann dürfte eher eine Zulassung in der eigenen Pfarrei möglich sein.

Die altkirchliche Praxis in Ost und West hat das ehezerstörerische Verhalten energisch bekämpft und die Schuldigen, die schweres Ärgernis gegeben haben, einer ernsten Bußpraxis unterworfen. Doch schon sehr früh hat man mühsam über das zumutbare

Maß der Buße und die Länge der Bußzeit gerungen. Dabei wurde deutlich unterschieden zwischen schwerer Sünde einerseits und schwer ärgerniserregender Sünde andererseits. Dies scheint mir auch heute wichtig zu sein in bezug auf die Grauzone zwischen mehr oder weniger schuldloser Trennung und schwer ärgerniserregender Scheidung und Wiederverheiratung. Aber auf jeden Fall geht die heilende Sendung der Kirche ihrer richterlichen Funktion vor.

In der sittlichen Beurteilung und in bezug auf das Ausmaß der zu verlangenden Buße ist zu unterscheiden, ob die Zweitehe (oder ein eheähnliches Zusammenleben) mit dem Partner der ehezerstörerischen Sünden stattfand oder aber mit einem Partner, der nichts mit einem solchen Ärgernis zu tun hatte. Die Härte der Bußordnung sollte nicht den Unschuldigen mittreffen, soweit das irgendwie vermieden werden kann. Die Art der Bußpraxis muß auf alle Fälle auf den Allerbarmer und seine heilende Liebe hinweisen. Was aber unbedingt verlangt werden muß, ist eine tiefgreifende Umkehr, Abkehr vom Bösen und eine demütig-dankbare Hinkehr zu Gott.

Ein Wort zum Schluß

Da wir alle von Christus erlöst sind und der Vergebung bedürfen, stehen wir in einer tiefgreifenden Solidargemeinschaft mit den anderen Sündern. Sind wir anderen gegenüber hart und schauen wir auf sie mit Verachtung, binden wir uns selbst in die Unheilsgemeinschaft der Selbstgerechten. Leben wir dagegen dankbar aus der Heilsgemeinschaft kraft unverdienter Gnade, so gibt es für uns keine „hoffnungslosen Fälle".

Als eine heilige Büßerin soll die Kirche allen nicht nur den fordernden Ernst der Christusnachfolge, sondern noch mehr die nachgehende, heilende Liebe des Erlösers sichtbar machen. Die Kirche als ganze und jeder einzelne Christ sollen erfahrbare Zeichen der rettenden und befreienden Gnade Gottes werden.

In tief gespürter Heilssolidarität wollen wir gemeinsam, im Dank für die Gnade und im Bewußtsein unserer Schwachheit, nach wahrer Freiheit und Treue streben, wozu Christus uns gerufen hat. Dazu gehört auch das Freisein und ständige Freiwerden von ungebührlicher Härte und lieblosem Richten.

Nur im Staunen über die unverdiente Versöhnung und Heilung, die an uns selbst immer neu sich ereignet und im unablässigen Lobpreis auf den allerbarmenden, göttlichen „Haushalter" werden wir von unserer Blindheit geheilt, von jeder Selbstgerechtigkeit befreit und so befähigt, glaubwürdige Zeugen der treuen, heilenden Liebe des guten Hirten zu werden. Dazu bedürfen wir nicht zuletzt der Gabe der Unterscheidung der Geister, die uns der von Christus verheißene „Geist der Wahrheit“, der „Tröster“, verleihen will.

Anmerkungen

[1] Ein beredtes Zeugnis dafür ist der Artikel von Otto F. ter Reegen, Offizial des Erzbistums Utrecht, „Geschiedene in der Kälte stehen lassen?“, in: Diakonia 19 (1988) 334-340.

[2] In diesem Zusammenhang lese man eine Äußerung des Leiters des „Instituts Johannes Paul II.“, Carlo Caffarra, einflußreicher Berater des Papstes in Ehefragen, Anfang November 1988 vor einem von ihm organisierten Kongreß von Moraltheologen: „Hat sich der Mensch auf die Höhe des ethischen Niveaus erhoben, so interessiert er sich nicht mehr im geringsten oder letztlich für Möglichkeiten, Folgen, geschichtliche Ergebnisse: er ist erhaben über solches Berechnen.“ Eine teleologisch denkende Verantwortungsethik scheint damit ausgeschlossen zu sein. Dem ist im Namen gesunder katholischer Moraltheologie entschieden zu widersprechen.

[3] Die hier benannte Begründung des Ausschlusses von wiederverheirateten Geschiedenen, auch für den Fall, daß man zugeben muß, daß ihnen Verantwortung verbietet, auseinanderzugehen, ist im Apostolischen Schreiben *Familiaris Consortio* dominierend. Über die Frage, was es eigentlich heißt, „objektiv“ im Zustand schwerer Sünde zu leben, könnte man manch überstrengem Kirchenmann eine lange Bußpredigt halten, z.B. was klerikale Eitelkeit, Ehrentitel und Beförderungen angeht. Ist hier nicht ebenfalls zuweilen „objektiv“ der Zustand der schweren Sünde gegeben? Und müßte in einem solchen Fall jemand nicht auch von den Sakramenten ausgeschlossen bleiben, bis er seine Stellung und seine Titel aufgegeben hat?

[4] Ich verweise diesbezüglich vor allem auf Urs Baumann, Die Ehe – ein Sakrament?, Zürich 1988, mit drei aufschlußreichen Hauptteilen: Die kirchliche Lehre, S. 23-139; Fundamente, S. 141-268; Ansätze und Lösungen in der Theologie der Gegenwart, S. 269-377. Im Anhang findet sich eine umfassende Bibliographie zu den Themen, die uns auch hier interessieren (S. 465-501, außer den zahlreichen, wertvollen Quellenhinweisen in den Anmerkungen S. 395-501). Kurz gefaßte Orientierungen finden sich in der Sondernummer von Diakonia über Ehe und nichteheliche Lebensgemein-

schaften, vgl. vor allem die Beiträge von Alois Müller, Für eine Neuorientierung der katholischen Ehelehre, in: Diakonia 19 (1988) 301-305, sowie Walter Kirchschläger, Ehe und Ehescheidung – Rückfragen an Bibel und Kirche, ebd. 305-316.

5 Die Texte sind zu finden in: Der Orthodoxe Gottesdienst, Bd. I: Göttliche Liturgie und Sakramente, hrsg. von S. Heitz, Mainz 1965, 547-550.

6 Auf diese Möglichkeit weisen u.a. Barry Brunsmann, ... das darf der Mensch nicht trennen? Neue Hoffnung für geschiedene Katholiken, Zürich 1986, und der allseits vorsichtige Prof. Karl Hörmann, Kirche und die zweite Ehe, Innsbruck 1973. Am 5. Mai 1973 hat die Theologische Kommission, die diese Frage im Auftrag der Österreichischen Bischofskonferenz studierte, die von Hörmann veröffentlichte Studie „zustimmend zur Kenntnis genommen" (S. 9).

7 Ich wiederhole im folgenden Abschnitt, wenn auch mit anderen Worten, im wesentlichen, was ich 1969 in einem von mir erbetenen Gutachten für eine englisch sprechende Vereinigung von Kanonisten dargelegt habe. Nachdem es sowohl in England wie in Nordamerika gründlich diskutiert war, erlaubte ich die Veröffentlichung unter dem Titel „Internal Forum Solutions to Insoluble Marriage Cases" in: The Jurist, 30 (1970) 21-30. Der Aufsatz wurde bald darauf in deutscher Übersetzung veröffentlicht in: Hans Heimerl (Hg.), Verheiratet und doch nicht verheiratet?, Wien 1970, 141-153, unter dem Titel: „Lösungen im Gewissensbereich für unlösbare Ehefälle". Ich möchte darauf hinweisen, daß die Übersetzung des Titels „im Gewissensbereich" ungenau ist; denn es geht mir um Lösungen, die den sakramentalen Zuspruch des Friedens erhalten können. Ich habe in zahlreichen anderen Veröffentlichungen in mehreren Sprachen diese meine Stellungnahme bekannt gemacht. Sie erhielt viel Zustimmung, aber auch Widerspruch, jedoch keine Zurechtweisung durch kirchliche Stellen.